聞いてマネしてすらすら話せる

キクタン

イタリア語会話

【入門編】

アルク

はじめに

本書は「イタリア語を話してみたい！」という方に向けて作られた会話練習帳です。文法的な説明は、必要最小限に留めました。むしろ、本書では使えるフレーズ・会話にどんどん触れることにより、イタリア語の会話力を養っていくことを目指しています。「聞いてマネして、すらすら話せる」ように、できるだけ何回も「口に出してみる」という練習を繰り返していきましょう。

かく言う私も、実は大学時代には、「イタリア語会話」の授業でネーティブの先生が基本フレーズを繰り返し、また繰り返し、さらに反復練習させることに大きな不満を抱いていました。「オウム返しの練習の繰り返しなんかつまらない」「そんなので会話がうまくなるはずはない」と思っていたのです。ところが、大学卒業後、運よくイタリアに留学したとき、そのときになってキャッチボールをするがごとき大学時代の単純な反復練習こそが、イタリア語の自然な会話の土台を作っていたのだということに気付きました。

「コーヒー飲みますか？ Prendi un caffè?」「はい、それをいただきます。Sì, lo prendo.」といったシンプルなフレーズを身体になじませることこそ、イタリア語の自然な会話力を身に付けるためには大切だと私は考えています。

本書は、会話をマスターするための練習帳として作られていますが、さらにイタリア語力を養いたいという人には、やはり豊富な語彙力が必要となってきます。その際には、姉妹書である『キクタンイタリア語【入門編】』や『キクタンイタリア語【初級編】』を併せて利用していただければと思います。この2冊は、イタリア語でコミュニケーションを図る際に必要とされる基本500語レベル、1000語レベルで構成されています。

もちろん、最初からそんなにたくさんの語彙を覚えるのには抵抗があるという方は、本書で会話を楽しみながら、日々イタリア語に触れることによっても十分に対応できます。「好きこそものの上手なれ」「継続は力なり」です。自分のペースでコツコツと、しかも楽しみながら続けることが上達の原動力になります。本書の活用法についてのページを参考にしながら、ぜひトライしてみてください。

くじけそうになったときには、イタリア、もしくは日本、はたまた世界のどこかで、イタリア人とイタリア語で他愛もない会話をして笑っている自分の姿を想像しながら、練習を重ねていってくださいね。

本書の４大特長

1
目と耳をフル活用して身体で覚える！

言葉の仕組みを理解するためにはルールを頭で考えながら消化していく必要があります。ただし、それだけでは自然な会話はできるようになりません。頭で考え過ぎて固まってしまうのではなく、音楽のリズムに乗って身体で覚える（自然に使える）ようにしましょう。はっきりと発音した自分の声を聞くと、さらに吸収力もアップします。

2
会話をキャッチボールのように感じる！

各項目の「基本表現」は、あるシチュエーションを想定して1フレーズ＋1フレーズのやりとりで構成されています。また、「応用表現」として別の想定されるフレーズを基本的に三つ紹介しています。このキャッチボール形式でイタリア語会話に必要な土台を身体の中に作っていきましょう。とにかく習うより慣れろの精神で、楽しみながら続けてみましょう。

3
実際にイタリアの町にいる自分を想像する！

各項目は順を追って、基本表現からスタートして、イタリア人と出会ったとき、イタリア人の友人と町に出掛けた場合、といった具合に構成されています。カテゴリー分けすること自体が目的ではないので、少しカテゴリーに収まりが悪いフレーズもあるかもしれませんが、状況に沿って想像力を働かせつつ進んでいってください。

4
「113」のキーフレーズを厳選！

文法をできる限り表に出さないようにしながらも確実に会話力をマスターするために、各項目では「ヨーロッパ言語共通参照枠A1レベル」に対応するための文法要素をできる限り盛り込みました。もちろん、それらを気にしなくても会話ができるように構成しましたが、さらに一歩踏み込んでみたい方は文法事項を解説したコラム「イタリア語を極めよう」で言葉のルールのベース固めができるようになっています。

本書とCDの活用法

「キーフレーズ」から会話の世界を広げ、コミュニケーション力を付けよう。

■こんなときには？

113種の「こんなときにイタリア語ではどう言うの？」をピックアップしました。イタリア語で会話している自分の姿をどうイメージできるか、それがイタリア語上達の秘訣です。

■キーフレーズ

「こんなときには？」に対応したキーフレーズです。Buongiornoのように1単語の短いものから、長い文になっているものまであります。付属CDの音声を聞いただけでは難しいと感じたら、イタリア語を目で追いながら何度も聞きなおしてみましょう。

■キーフレーズと【基本表現】の解説

キーフレーズとキーフレーズを使った簡単なやりとり【基本表現】に関する解説です。どのような状況で使えるのか、字義的な意味はどのようなものなのか、などについて触れています。

■【基本表現】

【基本表現】は、2人が1フレーズずつやりとりするキャッチボール形式になっています。会話がやりとりされる状況に応じて、男性の場合には男性のアイコン、女性の場合には女性のアイコンで示されています（ただし、録音は1人の女性）。

■CDのトラックナンバー

付録CDの一つのトラックには、見開き2ページ分の【基本表現】が収録されています。【応用表現】の音声はCDには収録されていません。

■【応用表現】

【応用表現】では、【基本表現】でのやりとりのバリエーションとして想定されるフレーズや文を原則として三つ紹介しています。そのまま【基本表現】と差し替えて使えるフレーズだけではなく、関連表現フレーズとして紹介しているものもあります。

■例文番号

【応用表現】の音声は付録CDには収録されていませんが、mp3音声を以下からダウンロードすることができます。

http://www.alc.co.jp/dl/

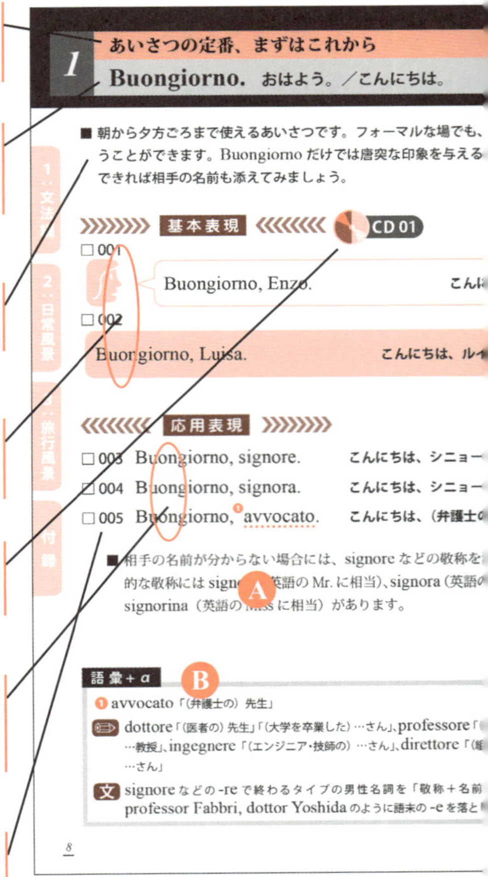

1
あいさつの定番、まずはこれから
Buongiorno. おはよう。／こんにちは。
■ 朝から夕方ごろまで使えるあいさつです。フォーマルな場でも、
うことができます。Buongiorno だけでは唐突な印象を与える
できれば相手の名前も添えてみましょう。
1：文法
2：日常風景
3：旅行風景
付録
基本表現
CD 01
□ 001
Buongiorno, Enzo.
こんに
□ 002
Buongiorno, Luisa.
こんにちは、ルイ
応用表現
□ 003 Buongiorno, signore. こんにちは、シニョー
□ 004 Buongiorno, signora. こんにちは、シニョー
□ 005 Buongiorno, avvocato. こんにちは、（弁護士の
■ 相手の名前が分からない場合には、signore などの敬称を
的な敬称には signo 英語の Mr. に相当)、signora (英語の
signorina (英語の Miss に相当) があります。
A
B
語彙＋α
1 avvocato「（弁護士の）先生」
dottore「（医者の）先生」「（大学を卒業した）…さん」、professore「
…教授」、ingegnere「（エンジニア・技師の）…さん」、direttore「
…さん」
文 signore などの -re で終わるタイプの男性名詞を「敬称＋名前
professor Fabbri, dottor Yoshida のように語末の -e を落と
8

注意

① 本書では、イタリア語発音辞典（**Canepari, *Dizionario di Pronuncia Italiana*, Zanichelli 2009**）をベースにして、現代イタリア語のスタンダードな発音を採用しています。（例：**casa**［**'kaza**］）

1日の後半戦はこのあいさつで

Buona sera. こんにちは。／こんばんは。

■ 夕方くらいから使えるあいさつです。フォーマルな場でも、親しい間でも使うことができます。別れる際には「さようなら」の意味でも使えます。

基本表現　CD 01

□ 001 Buona sera, signora.　こんにちは、シニョーラ。

□ 002 Buona sera, Maria.　こんにちは、マリア。

応用表現

□ 003 Buona sera, signorina Kato.　こんばんは、加藤さん。

□ 004 Buona sera, ❶maestro Pavarotti.　こんにちは、パヴァロッティ先生。

□ 005 Buona sera ❷a tutti.　皆さんこんばんは。

■ どのタイミングで使えるかについては、個々人の感覚的な部分が大きいので、早い人ではお昼休みが終わった15時くらいから使い始めます。皆さんもイタリアに行ったら、太陽の傾きを感じながら使い分けてみてください。

語彙＋α

❶ maestro［男］/maestra［女］「(芸術家・職人・小学校の)・・・先生
❷ a［前置詞］「…に」、tutti「全員」

zio「伯（叔）父さん」、zia「伯（叔）母さん」、nonno「おじいちゃん」、nonna「おばあちゃん」、ragazzi「(呼び掛けとして）みんな」

音 Buon や Buona の発音は［ボン］［ボナ］ではなく、［ブゥオン］［ブゥオーナ］のように発音してください。この[wo]という2重母音が発音できるようになれば、皆さんの発音もネーティブにグッと近づきますよ。

9

■【応用表現】の解説

A 【応用表現】に関する解説です。フレーズの字義的な説明だけでなく、【応用表現】でのフレーズがどのようなニュアンスを持つのか、どのような状況で使えるのか、などについても触れています。

■【語彙＋α】

B ここでは、【基本表現】や【応用表現】からさらに会話をステップアップさせる際に知っておくと便利な語彙の紹介（✎マーク）、より詳しい文法解説（文 マーク）や発音のコツ（音 マーク）、イタリアの社会・文化（社・文 マーク）について解説してあります。

【凡例】：語彙の解説部分では文法の記述を極力使わないようにし、「　」内の意味で理解できるようにしましたが、必要と思われる箇所については［前置詞］や［再帰動詞］のように記しました。省略して記したものは、主に名詞に関するものです。

［男］男性名詞　［女］女性名詞
［男・女］＝［男女同形］
［単］単数形　　［複］複数形

音声ダウンロード（【応用表現】）のご案内

❶ダウンロードは、こちらにアクセス（PC専用）

ALC Download Center
ダウンロードセンター
http://www.alc.co.jp/dl/

❷「諸外国語」から『キクタンイタリア語会話【入門編】』を選ぶ

❸応募フォームに必要事項を記入して送信

❹ダウンロードページのURLがメールで届く

❺届いたURLにアクセスして、圧縮ファイルをダウンロード

② 日本語訳では、より自然な日本語の感覚を持ってもらえるように意訳したところもあります。原語の意味をよりしっかりとつかみたい方は、字義的な意味や文法解釈を参照してください。

目次

コラム

CD使用上の注意

●弊社製作の音声CDは、CDプレーヤーでの再生を保証する規格品です。

●パソコンでご使用になる場合、CD-ROMドライブとの相性により、ディスクを再生できない場合がございます。ご了承ください。

●パソコンでタイトル・トラック情報を表示させたい場合は、iTunesをご利用ください。iTunesでは、弊社がCDのタイトル・トラック情報を登録しているGracenote社のCDDB（データベース）からインターネットを介してトラック情報を取得することができます。

●CDとして正常に音声が再生できるディスクからパソコンやmp3プレーヤー等への取り込み時にトラブルが生じた際は、まず、そのアプリケーション（ソフト）、プレーヤーの製作元へご相談ください。

0. 導入：あいさつなどの基本表現 10

【狙い】あいさつはコミュニケーションの基本です。言葉が話せる話せないを心配することなく、相手に向かって積極的にイタリア語を投げかけてみましょう。その際には、明るく・はっきりとした声で話すことがポイントです。

● 黒数字はページを表します
● 赤数字はCDのトラック番号です

1 あいさつの定番、まずはこれから

Buongiorno. おはよう。／こんにちは。

■ 朝から夕方ごろまで使えるあいさつです。フォーマルな場でも、親しい間でも使うことができます。Buongiorno だけでは唐突な印象を与えることもあるので、できれば相手の名前も添えてみましょう。

基本表現　CD 01

□ 001

Buongiorno, Enzo.　　こんにちは、エンツォ。

□ 002

Buongiorno, Luisa.　　こんにちは、ルイーザ。

応用表現

□ 003 Buongiorno, signore.　　こんにちは、シニョーレ。

□ 004 Buongiorno, signora.　　こんにちは、シニョーラ。

□ 005 Buongiorno, ❶avvocato.　　こんにちは、（弁護士の）先生。

■ 相手の名前が分からない場合には、signore などの敬称を添えます。一般的な敬称には signore（英語の Mr. に相当）、signora（英語の Mrs. に相当）、signorina（英語の Miss に相当）があります。

語彙＋α

❶ avvocato「（弁護士の）先生」

dottore「（医者の）先生」「（大学を卒業した）…さん」、professore「（高校・大学の）…先生、…教授」、ingegnere「（エンジニア・技師の）…さん」、direttore「（組織の責任者に対して）…さん」

文 signore などの -re で終わるタイプの男性名詞を「敬称＋名前」で使う場合には、professor Fabbri, dottor Yoshida のように語末の -e を落とします。

2 1日の後半戦はこのあいさつで

Buona sera. こんにちは。／こんばんは。

■ 夕方くらいから使えるあいさつです。フォーマルな場でも、親しい間でも使うことができます。別れる際には「さようなら」の意味でも使えます。

基本表現 CD 01

□ 001

Buona sera, signora. こんにちは、シニョーラ。

□ 002

Buona sera, Maria. こんにちは、マリア。

応用表現

□ 003 Buona sera, signorina Kato. こんばんは、加藤さん。

□ 004 Buona sera, ❶maestro Pavarotti. こんにちは、パヴァロッティ先生。

□ 005 Buona sera ❷a tutti. 皆さんこんばんは。

■ どのタイミングで使えるかについては、個々人の感覚的な部分が大きいので、早い人ではお昼休みが終わった15時くらいから使い始めます。皆さんもイタリアに行ったら、太陽の傾きを感じながら使い分けてみてください。

語彙＋α

❶ maestro［男］／maestra［女］「(芸術家・職人・小学校の) … 先生

❷ a［前置詞］「…に」、tutti「全員」

zio「伯（叔）父さん」、zia「伯（叔）母さん」、nonno「おじいちゃん」、nonna「おばあちゃん」、ragazzi「(呼び掛けとして) みんな」

音 Buon や Buona の発音は［ボン］［ボナ］ではなく、［ブゥオン］［ブゥオーナ］のように発音してください。この［ゥオ］という2重母音が発音できるようになれば、皆さんの発音もネーティブにグッと近づきますよ。

3 親しい間柄でのあいさつの定番

Ciao. やあ。／どうも。

■ 家族や友人といった親しい間柄の相手には、このあいさつが使えます。Ciao は、朝・昼・晩と時間帯を問わずに使えます。

基本表現 CD 02

□ 001

Ciao, Luca. やあ、ルカ。

□ 002

Ciao, Martina. やあ、マルティーナ。

応用表現

□ 003	Ciao ciao.	バイバイ。
□ 004	Ciao, ❶amore.	あなた、行ってくるね。
□ 005	Ciao, ❷a domani.	じゃあ、明日ね。

■ 別れる際には「バイバイ」や「行ってきます」の意味で使うこともできます。例文では Ciao ciao と 2 回繰り返していますが、必ず繰り返さなければならないというわけではありません。

語彙＋α

❶ amore（字義的には「愛」の意。呼び掛けとして男性にも女性にも使える）「あなた」「君」

❷ a［前置詞］「～に」、domani「明日」

salve「やあ」「どうも」（使い方に個人差はあるものの、比較的親しい人へのあいさつ）

文 初めのうちは「親しい話し方」と「フォーマルな話し方」の境界線を見分けるのは難しく感じるかもしれません。通常、初対面や仕事の相手にはフォーマルな話し方をします。一方、クラスメートや同僚には親しい話し方をします。また、日本の先輩・後輩の関係であれば、親しい間柄と捉えます。敬語というよりは相手との距離感を表すものなので、少しずつ場の「空気」を読みながら、マスターしていってくださいね。

4 別れるときのあいさつは
Arrivederci. さようなら。

■ 別れる際のスタンダードなあいさつです。字義的には「再び会いましょうね」といった意味になります。

基本表現 CD 02

□ 001

Arrivederci a tutti. 皆さんさようなら。

□ 002

Arrivederci. さようなら

応用表現

□ 003 Arrivederci, signor Nobu. ノブさん、さようなら。

□ 004 Arrivederci a domani. さようなら、また明日。

□ 005 ❶ArrivederLa, signor Nakao. 中尾さん、失礼致します。

■ 親しい間柄かフォーマルな間柄かの判断が難しい場合には、名字ではなく名前に signor や signora を添える言い方も可能です。

語彙＋α

❶ arrivederLa（特にフォーマルな間柄の相手に使う）「さようなら」

文 イタリア語の「敬称」は、相手と自分の距離が近い（親称）か遠い（敬称）かで使い分けます。人称の考え方からすればいずれにしても２人称なのですが、相手に対して「敬称」を使っていることが分かるように、動詞や目的語代名詞など、人称に関わる単語については３人称単数 Lei の形を使います。書く場合、代名詞に関しては、文中や語中であっても語頭の L を大文字で書きます。

5 お礼は、この一言から

Grazie. ありがとう。

■ 感謝の気持ちを伝える際に必要不可欠な表現です。親切にしてもらったときには、恐縮したり、はにかむのではなく、笑顔で相手の顔を見ながら言えるようにしましょう。

基本表現 CD 03

□ 001

Prendi un caffè? コーヒーを１杯飲みますか？

□ 002

Sì, grazie. はい、ありがとう。

応用表現

□ 003 Grazie ❶mille. どうもありがとう。

□ 004 No, grazie. いいえ、結構です。

□ 005 Grazie ❷a Lei. こちらこそありがとうございます。

■ 申し出を断る際にも grazie を使います。断る意思を示す No ははっきりと、「断るけれども言ってくれてありがとうね」という気持ちを相手に伝えましょう。また、相手に grazie と言われて、「私の方があなたに grazie と言いたいです」というときには a Lei を添えます。

語彙＋α

❶ mille は、字義的に「千の」の意。

❷ a Lei「あなたに対して」

音 grazie は、［グラッツィエ］と聞こえたり、［グラーツィエ］と聞こえたりするかもしれません。この発音についてはどちらが正解・不正解というものではありません。どちらで発音しても大丈夫です。感謝の気持ちを相手に確実に伝えたい、と思って発音するのが良い発音です。

6 お礼を言われたら、忘れずにこの一言

Prego. どういたしまして。

■ 相手から感謝の言葉をかけられたら、必ずそれに応えましょう。謙遜したり、はにかんだりせずに、笑顔で「良いことをするのは気持ちがいいんですよ」と相手に伝えてみましょう。

基本表現　CD 03

□ 001

Grazie ❶per la gentilezza.　親切にありがとうございます。

□ 002

Prego.　どういたしまして。

応用表現

□ 003 ❷Mi scusi tanto.　申し訳ありません。

□ 004 Prego, ❸s'accomodi.　どうぞ、楽になさってください。

□ 005 Prego?　何ですか？

■ 感謝の言葉に対してだけでなく、謝罪の言葉に対して「大丈夫です、気になさらないでください」という場合にも prego が使えます。
この他 prego には、相手に何かを促す「どうぞ」「お願いします」、相手に何かを聞き返す「何ですか？」といった意味もあります。

語彙＋α

❶ per「…のために」、gentilezza「親切」
❷ mi scusi「すみません」、tanto「とても」
❸ s'accomodi「楽になさってください」

音 イタリア語の力がしっかり付くまでは、文法力よりも表現力がものをいうことが少なくありません。俳優になったようなつもりで大胆に表現してみてください。

7 頼み事をするときは

Per favore. お願いします。

■ 字義的には「親切な行為のために」を意味します。Per favore の前に欲しい物を添えて、お願い（注文）することができます。

基本表現　CD 04

□ 001

①Cosa ②prende?　何になさいますか？

□ 002

Un cappuccino, per favore.　カプチーノを１杯、お願いします。

応用表現

□ 003 ③Chiudi la porta, per favore.　悪いけど、扉を閉めてください。

□ 004 Un ④biglietto per Venezia, per favore.
ヴェネツィアまでの切符を１枚、お願いします。

□ 005 ⑤Silenzio per favore!　静かにしていただけますか。

■ お店などでお願い（注文）するだけでなく、相手に何か依頼するような場合にも per favore を使うことができます。また、命令法において語調を和らげる働きもあります。

語彙＋α

① cosa「何を」
② prende (<prendere)「取る」（ここでは注文する、飲むの意）。主語は敬称の Lei「あなたは」。
③ chiudi (<chiudere)「閉める」、porta「門」
④ biglietto「切符」、per「…行きの」　⑤ silenzio「沈黙」

音 日本語では「カプチーノ」と言われますが、イタリア語では「カップッチーノ」と言います。二重子音 pp、cc もしっかり発音してください。

8 許可を求めるにはこれ

Posso?　よろしいですか？

■ Posso は動詞 potere「…できる」の「私は（1人称単数）」の形です。疑問文で使うことで「…できますか？」「…いいですか？」を表します。

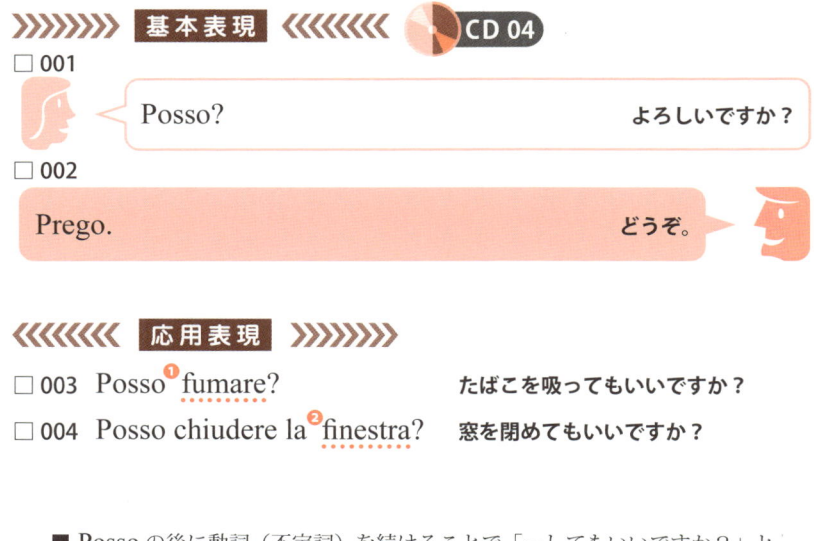

基本表現　CD 04

□ 001

Posso?　よろしいですか？

□ 002

Prego.　どうぞ。

応用表現

□ 003 Posso ❶fumare?　たばこを吸ってもいいですか？

□ 004 Posso chiudere la ❷finestra?　窓を閉めてもいいですか？

■ Posso の後に動詞（不定詞）を続けることで「…してもいいですか？」という表現になります。実際の会話では、ジェスチャーなどを使えば、動詞を省略して「お借りしてもいいですか？」「ここに座ってもいいですか？」「乗車・入室してもいいですか？」など多彩な表現が可能になります。

語彙＋α

❶ fumare「たばこを吸う」

❷ finestra「窓」

音 イタリア語では、平叙文と疑問文が同じ文で表されます。書くときには「？」を付ければ良いのですが、話すときには相手に質問していることがはっきりと伝わるように発音しましょう。

9 「おめでとう」の気持ちを伝えよう

Buon compleanno. 誕生日おめでとう。

■ 字義的には「良い誕生日を（迎えてください）」の意で、「おめでとう」の気持ちを伝えることができます。

基本表現 CD 05

□ 001

❶ Oggi è il mio compleanno. 今日は私の誕生日です。

□ 002

Buon compleanno. 誕生日おめでとう。

応用表現

□ 003 Buon ❷Natale. メリークリスマス。

□ 004 Buon ❸viaggio. 良い旅を（気を付けて）。

□ 005 Buona ❹giornata. 良い１日を。

□ 006 Buon ❺lavoro. 良い仕事を（頑張って）。

■ 次に来る名詞によっては、「おめでとう」だけでなく、「良い…を」といったニュアンスを表します。また、名詞の語頭音によって buon, buono, buoni, buona (buon'), buone となります。

語彙＋α

❶ oggi「今日」、è (<essere)「…です」、mio「私の」、compleanno「誕生日」
❷ Natale「クリスマス」 ❸ viaggio「旅行」 ❹ giornata「（朝から晩までの）１日」
❺ lavoro「仕事」

音 oggi è il のように隣接した母音は滑らかにつなげて発音されます。ルールを知った上で付録 CD を注意深く聴くと、リスニング力がアップします。

10 「イエス」「ノー」は、はっきりと！

Sì. / No.　はい。／いいえ。

■ イタリア語では、「はい」か「いいえ」を「即座に・はっきり」答えなければなりません。「はい、そうですね…」といった曖昧な表現もなくはありませんが、基本的には言い切ってください。

基本表現　CD 05

□ 001

❶ Lei è giapponese?　あなたは日本人ですか？

□ 002

Sì.　はい。

応用表現

□ 003 No.　いいえ。

□ 004 Sì ❷o no?　「はい」ですか、「いいえ」ですか（はっきり答えてください）。

□ 005 No, ❸non sono cinese.　いいえ、中国人ではありません。

■ 「図々しいかな」とか「断ったら悪いなあ」といった状況でもきっちり答えましょう。答えが曖昧だと、Sì o no? と聞き返されてしまいますよ。

語彙＋α

❶ Lei「あなたは」、giapponese「日本人」
❷ o (=oppure)「もしくは」
❸ non sono「私は…ではありません」、cinese「中国人」

音 意思をはっきり示すためには、はっきりとした発音が求められます。返答が Sì であっても No であっても、きっぱりと言い切る練習をしましょう。

Memo

1. 出会ったときの表現 13

【狙い】このセクションでは、イタリア人と出会ったときの表現をマスターしていきましょう。いろいろなシチュエーションが考えられるでしょうが、まずは自分のことを言えるようにします。名前や出身などから始めて、住んでいる場所・仕事などについても説明できるようにしていきます。

● 黒数字はページを表します
● 赤数字はCDのトラック番号です

11 名前を名乗る

Sono Aki. （私は）亜紀です。

■ Sono は「私は…です」。essere という動詞が活用（形が変化）したもの。まずはこの言い方を覚えましょう。（⇒【イタリア語を極める②】p34 参照）

基本表現 CD 06

□ 001
❶ Piacere, sono Aki.　初めまして、亜紀です。

□ 002
Sono Junko. Piacere.　順子です。初めまして。

応用表現

□ 003 ❷ Mi chiamo Aya.　私の名前は彩です。

□ 004 Sono Aki Nakao.　中尾亜紀です。

□ 005 ❸ Lei è la signora Iwata?　あなたは岩田さんですか？

■ 自分の名前を名乗る際には Sono … もしくは Mi chiamo … で表すことができます。フォーマルな間柄の場合は、フルネームで名乗りますが、同世代や親しい間柄の場合にはファーストネームで名乗り合います。

語彙＋α

❶ piacere「初めまして」
❷ Mi chiamo (<chiamarsi)「私の名前は…です」
❸ Lei è…「あなたは…です」、signora「（既婚女性に対する敬称）…さん」

文 イタリア語では、Sì か No かを尋ねる質問（疑問文）は、肯定文と同じで OK です。書くときには文末に「？」を置き、話すとき質問していることが相手に分かるように発音するだけです。一般的には文末の調子を上げると説明されますが、必ずしも語調を上げる必要はありません。相手の目を見て（日本語を話すときのイントネーションと同じで OK）「尋ねていますよ」という表情をすることも表現の一部です。

12 出身地を言う

Sono di Tokyo. （私は）東京の出身です。

■ イタリアではよく自分の出身地を言ったり、相手の出身地を尋ねたりします。ここから話題が広がることもよくあります。出身地は「Sono di 都市名」で言います。

基本表現　CD 06

□ 001

❶ Di dove ❷ sei?　出身はどこなの？

□ 002

Sono di Tokyo.　東京の出身です。

応用表現

□ 003 Signor Nakao, Lei è di Saitama? 中尾さん、あなたは埼玉の出身ですか？

□ 004 Luca, sei di Torino?　ルカ、トリノの出身なの？

□ 005 Sono giapponese.　（私は）日本人です。

■ 自分の出身地が言えるようになったら、相手の出身地も尋ねてみましょう。また、出身地を言う表現なので「私は日本出身です」とは言わず、その場合は「私は日本人です」と言いましょう。

語彙＋α

❶ Di dove…? 「出身はどこ？」

❷ sei (<essere) 「君は…です」

社・文 イタリア人にとって出身地（自分がどこの生まれなのか）はとても大切です。そこから会話が広がることも多いのでこの表現はぜひマスターしておいてください。

13 どこに住んでいるか言う

Abito a Yokohama. 横浜に住んでいます。

■ Abito は abitare「住む」の１人称単数「私は住んでいる」の形。都市名の前に前置詞 a を置いて、「…に」を表します。

基本表現 CD 07

□ 001
Abiti qui❶ a Yokohama?　ここ横浜に住んでいるの？

□ 002
Sì, abito a Yokohama.　はい、横浜に住んでいます。

応用表現

□ 003 Dove❷ abita Lei?　あなたはどこにお住まいですか？
□ 004 Abitate a Kyoto?　君たちは京都に住んでいるの？
□ 005 Abitiamo a Osaka.　私たちは大阪に住んでいます。

■ 疑問詞を使うと具体的な答えを引き出す質問ができます。dove「どこ」を使うと具体的な場所を尋ねる質問が可能になります。また、動詞の活用形を覚えれば、主語「誰が」を入れ替えられるので、表現の幅も広がります。

語彙＋α

❶ qui「ここ」
❷ dove「どこに」

文 規則的な活用をする動詞（不定詞が -are で終わるもの）は全て同じ変化をします。（⇒【イタリア語を極める（⇒【イタリア語を極める①】p33 参照）
abit**are**: abit**o**, abit**i**, abit**a**, abit**iamo**, abit**ate**, abit**ano**

14 国籍を言う

Sono giapponese.　私は日本人です。

■ 動詞 essere「…です」を使った表現です。「giapponese 日本人」のように国籍を表す言葉が -e で終わるものは、主語が単数であれば（例文では主語が「私は」なので単数）男性であっても、女性であってもそのまま使えます。

基本表現　CD 07

□ 001

Sei ❶cinese?　中国人なの？

□ 002

No, sono giapponese.　違うよ、日本人です。

応用表現

□ 003 Siamo giapponesi.　（私たちは）日本人です。

□ 004 Giorgia è ❷italiana.　ジョルジャはイタリア人です。

□ 005 Non siete ❸coreani?　（あなたたちは）韓国人ではないのですか？

■ 主語が「私たち」のように複数の場合には、giapponese も複数の形に合わせ giapponesi とします。それに対して「italiano イタリア人」のように -o で終わるものは、単数・複数の区別だけでなく、男・女の区別もつけるので italiano（男性・単数）、italiani（男性・複数）、italiana（女性・単数）、italiane（女性・複数）のようになります。

語彙＋α

❶ cinese「中国人」
❷ italiana (<italiano)「イタリア人（女性）」
❸ coreani (<coreano)「韓国人（男性・複数）」

15 何語が話せますか？

Io parlo l'italiano. 私はイタリア語が話せます。

■ 動詞「parlare 話す」を使った表現です。活用は規則的なので安心して使えます。文脈によっては「話せます」の意味にもなります。

基本表現 CD 08

□ 001 Lei parla l'italiano? あなたはイタリア語をお話しになりますか？

□ 002 Sì, io parlo l'italiano. はい、私はイタリア語が話せます。

応用表現

□ 003 ❶Che lingue parli? 何語が話せますか？

□ 004 ❷Io parlo ❸solo l'inglese. 私が話せるのは英語だけです。

□ 005 Parlate il giapponese? （あなたたちは）日本語が話せますか？

■ 先ほど国籍を表す際に使った単語を「男性・単数」で使うと「○○語」の意味になります。「○○語を話す」という場合、定冠詞を付けずに言うこともあります。

語彙＋α

❶ che lingue「何語」
❷ io「私は」
❸ solo「だけ」、l'inglese「英語」

lo spagnolo「スペイン語」、il tedesco「ドイツ語」、il francese「フランス語」、il cinese「中国語」、il portoghese「ポルトガル語」

16 程度を表すには

Io parlo un po' d'italiano. 私はイタリア語が少し話せます。

■ 「*15*」の表現に程度を示す表現をプラスしてみましょう。po' は poco の co を省略したもので、d'italiano の d' は前置詞 di の i が落ちた形です。

基本表現 CD 08

□ 001

Lei parla l'italiano?　あなたはイタリア語が話せますか？

□ 002

Sì, io parlo ❶un po' d'italiano.　はい、私はイタリア語が少し話せます。

応用表現

□ 003 ❷Anzi, Lei parla bene l'italiano.　むしろ、イタリア語がお上手ですよ。

□ 004 Parli ❸molto bene il giapponese.　日本語がとても上手ですね。

□ 005 ❹Purtroppo Maurizio parla solo l'italiano.
残念ながらマウリツィオが話せるのはイタリア語だけです。

■ 「良く、上手に bene」の意味をさらに強めるには「とても molto」を添えます。絶対最上級の -issimo を付けても同じニュアンスを表せます。

語彙＋α

❶ un po' di...「…を少し」
❷ anzi「それどころか（むしろ）」、bene「良く」「上手に」
❸ molto bene「とても良く」「とても上手に」
❹ purtroppo「残念ながら」
abbastanza「けっこう」、benissimo「非常に良く」

17 継続を表す

Studio l'italiano da tre mesi. 3カ月前からイタリア語を勉強しています。

■ 動詞「勉強する studiare」（規則変化）を使った表現です。「現在の表現＋da＋期間」で、「～前」から現在までの継続を表すことができます。

基本表現 CD 09

□ 001

①Da quanto tempo studi l'italiano? どれくらい前からイタリア語を勉強していますか？

□ 002

Studio l'italiano ②da tre mesi. 3カ月前からイタリア語を勉強しています。

応用表現

□ 003 Signorina, ③aspetta da tanto?
［バス停で］お嬢さん、ずいぶん前からお待ちですか？

□ 004 Io aspetto ④l'autobus da mezz'ora. 私は30分前からバスを待っています。

□ 005 Studio da ⑤un anno. 1年前から勉強しています。

■ 前置詞 da の後に、いろいろな時間・期間の表現を使ってみましょう。遅延しているバスを「どれくらい待っていますか？」といった質問にも応用することができます。

語彙＋α

① da quanto tempo「どれくらい前から」
② da tre mesi「3カ月前から」
③ aspetta (<aspettare)「待つ」、da tanto「ずいぶん前から」
④ l'autobus「バス」、mezz'ora「30分（半時間）」
⑤ un anno「1年」

da poco「少し前から」、un'ora「1時間」、due ore「2時間」、un giorno「1日」、una settimana「1週間」、un mese「1カ月」

18 家族構成について話す

Ho un fratello e una sorella. 兄と姉が１人ずついます。

■ Essere と並んで基本中の基本となる動詞 avere を使った表現です。おおむね英語の have 動詞にあたるものですが、英語と使い方が全く同じというわけではないので注意しながらモノにしていきましょう。(⇒【イタリア語を極める③】p35 参照)

基本表現 CD 09

□ 001

Hai fratelli? 兄弟はいますか？

□ 002

Ho un ❶fratello e una sorella. 兄と姉が１人ずついます。

応用表現

□ 003 Abbiamo un fratello ❷più grande. 私たちには兄が１人います。

□ 004 Luisa ha una sorella ❸più piccola. ルイーザには妹が１人います。

□ 005 Io ho due fratelli e due sorelle. 私には兄弟が２人と姉妹が２人います。

■ 日本語のように兄か弟、姉か妹かを明らかにしたい場合には、più grande「より大きい」や più piccolo (più piccola)「より小さい」を添えます。

語彙＋α

❶ fratello「兄弟」、e「そして」、sorella「姉妹」
❷ più grande「より大きい」[男女同形]
❸ più piccola「より小さい」[男性は più piccolo]

文 例文では「兄と妹が１人ずついます」としていますが、弟や妹である可能性もあります。

✎ genitori「両親」[男性複数]、figlio「息子」figlia「娘」、zio「おじ」zia「おば」、nonno「祖父」nonna「祖母」、cugino「従兄弟」cugina「従姉妹」、nipote「おい、めい」「孫」

19 ペットを飼っているかどうか聞いてみる

Hai animali? ペットを飼っているの？

■ こちらも avere を使った表現ですが、日本語に訳すと「…を飼っている」になります。会話力をアップさせるには「イタリア語の 1 単語＝ 1 つの意味」で丸暗記するのではなく、単語の持つイメージや意味の範囲をつかむように心がけてください。

基本表現 CD 10

□ 001

Hai ❶animali? ペットを飼っているの？

□ 002

Sì, ho un ❷gatto e un cane. うん、猫と犬を 1 匹ずつ飼っているよ。

応用表現

□ 003 Non avete animali? （君たちは）ペットを飼っていないの？

□ 004 No, non ho animali. いいえ、ペットは飼っていません。

□ 005 Abbiamo una gatta. （私たちは）雌猫を 1 匹飼っています。

■「兄弟はいるの？」の場合もそうですが、複数いる（ある）可能性のある質問のときは複数形で質問します。また、「いません」と答えるときも複数形で答えます。単なるペット以上に（男の子・女の子のように）感じている場合には雌猫 gatta、雌犬 cagna のように言うこともあります。

語彙＋α

❶ animali (<animale)［男］動物 ❷ gatto「猫」、cane［男］「犬」

cagnolino「子犬」、pesce rosso［男］「金魚」、uccellino「小鳥」、criceto「ハムスター」、pesciolino tropicale［男］「熱帯魚」、coniglio「ウサギ」

文 Non…? というタイプの（否定）疑問文に答える場合、質問に対してどうなのか、ではなく返答に対して Sì か No かを選択します。つまり、003・004 のやりとりでは「ペットを飼っていない」ので No と答えます。

20 自分の職業を言う

Sono impiegato.　会社員です。

■ Essere に職業名を付けて言います。その際、冠詞は必要ありません（そのまま付ければ OK）。また、名詞の性と数にも注意してくださいね。女性であれば Sono impiegata. となります。

基本表現　CD 10

□ 001

Tu ❶lavori o studi?　あなたは働いているの、それとも勉強しているの？（社会人ですか、学生ですか？）

□ 002

Io sono ❷impiegato.　私は会社員です。

応用表現

□ 003 ❸Che lavoro fa Lei?　あなたは何のお仕事をされているのですか？

□ 004 Sei ❹musicista?　（君は）音楽家なの？

□ 005 Enzo è un ❺designer.　エンツォはデザイナーです。

■「芸術家 artista」や「（ファッションやインテリアの）スタイリスト stilista」のように -ista で終わるものは男女同形です。また、3人称が主語（第三者の職業を説明する）の場合には冠詞を付けます。

語彙＋α

❶ tu「あなたは、君は」、lavori (<lavorare「働く」)　❷ impiegato「会社員」
❸ che lavoro「どんな仕事」、fa (<fare「する」)　❹ musicista［男・女］「音楽家」
❺ designer［デザイネル］［無変化］「デザイナー」

medico 医者、maestro (maestra)「（小学校の）先生」「師匠」、professore (professoressa)「（中学校・高等学校の）先生」「教授」、cuoco (cuoca)「料理人」、giocatore (giocatrice)「（球技などの）スポーツ選手」

21 相手の仕事について聞く
Che lavoro fa Lei? お仕事は何をなさっていますか？

■ 相手の仕事を尋ねる言い方です。答えるときには既に学んだ essere を使ってもいいですし、動詞 fare「する」を使うこともできます。ただし、fare を使う場合には職業名に定冠詞（il, la など）を付けます。ジャーナリストが男性であれば il giornalista と答えます。

基本表現 CD 11

□ 001
①Che lavoro fa Lei? お仕事は何をなさっていますか？

□ 002
Faccio la ②giornalista. ジャーナリストです。（ジャーナリストの仕事をしています。）

応用表現

□ 003 Fai ③l'ingegnere? 君はエンジニアの仕事をしているの？

□ 004 Sono ④casalinga. 私は主婦です。

□ 005 ⑤Mio zio fa l'autista. 私の叔父（伯父）は運転手をしています。

■ essere には冠詞が付きませんが、fare には冠詞が付く点に注意してください。男性形と女性形が異なる場合には、性にも気を配りましょう。

語彙＋α

① che lavoro「どんな仕事」、fa（< fare「する」）② giornalista［男・女］「ジャーナリスト」
③ ingegnere［男・女］「エンジニア」④ casalinga「主婦」（casalingo「主夫」）
⑤ mio zio「私の叔父（伯父）」、autista［男・女］「運転手」

insegnante［男・女］「教師」、pensionato (pensionata)「年金生活者」、direttore「（企業・組織の）責任者」「（部署の）長」

文 fare「する」は不規則な変化をする動詞です。とはいえ、1人称の faccio と facciamo にだけ注意すれば、あとは不規則とまでは言えないかもしれませんね。

(io) **faccio**	(noi) **facciamo**
(tu) fai	(voi) fate
(lui/lei/Lei) fa	(loro) fanno

22 学生に専攻を聞く

Studio musica.　音楽を勉強しています。

■ 一般的な意味合いで「…を勉強している」という場合には冠詞を付けません。ただし、専門性の高いことを示したり、限定を加えて言う場合には、冠詞が付くこともあります。

基本表現　CD 11

□ 001

Che cosa studi?　何を勉強しているの？

□ 002

Studio ❶musica.　音楽を勉強しています。

応用表現

□ 003 ❷Voi studiate o lavorate?
君たちは勉強をしていますか、それとも働いていますか？

□ 004 ❸Loro studiano il canto.　彼らは声楽を勉強しています。

□ 005 Studio la storia del ❹Rinascimento.　（私は）ルネサンス史を研究しています。

■ まずは（「私 io」や「あなた tu」を主語にして）身近な表現をどんどん口に出していきましょう。少し慣れてきたら、主語を voi や loro などに変化させる練習を重ねましょう。そうすれば動詞を使いこなせるようになります。試してみてください。

語彙＋α

❶ musica「音楽」
❷ voi「あなたたちは、君たちは」
❸ loro「彼らは、彼女たちは」、il canto「声楽」（canto「歌」）
❹ Rinascimento「ルネサンス」

matematica「数学」、storia「歴史」、economia「経済」、legge「法律」

23 年齢を言う

Ho quarantacinque anni. 45 歳です。

■ 年齢を言う場合には動詞 avere を使います（英語の得意な人は注意）。「○年持っている」という言い方で「○歳です」という意味になります。

基本表現 CD 12

□ 001

Quanti ❶anni hai? 歳はいくつなの？

□ 002

Ho quarantacinque anni. 45 歳です。

応用表現

□ 003 Ho ❷vent'anni. 私は 20 歳です。

□ 004 Ne ho ventitré. 年は 23 です。

□ 005 Signora Teresa, ❸quanti anni ha? テレーザ（の奥）さん、おいくつですか？

■ 「年 anno」を繰り返さないために ne（字義的には「年齢については」）を使って言うこともあります。また、signora など敬称の後には名字が来ることが多いですが、名前を続けることも可能です。

語彙 + α

❶ anni (<anno)「年」 ❷ vent'anni=venti anni「20 年」
❸ quanti anni「何年（何歳）」

0 から 10 までの数字：
zero / uno / due / tre / quattro / cinque / sei / sette / otto / nove / dieci
数字の「1」は女性名詞を指す場合には una となります。（11 以上の数字は p51・55・64 を参照）

1 動詞は活用して初めて使える

■■■ イタリア語の動詞はそのまま(原形)では、ほぼ使うことができません。用途に応じて調整することで、初めて使えるようになります。これを「活用する」と言います。ちょうど、工場から出荷されたコンピューターがそのままでは使えなくて、初期設定をしたり必要に応じてソフトをインストールするようなものです。

と言われても、ピンとこないかもしれないので、日本語に置き換えて説明しましょう。例えば、「はなす(話す)」という動詞があったとします。日本語では、

(私は)はなす	(私たちは)はなす
(君は)はなす	(君たちは)はなす
(彼・彼女は)はなす	(彼らは)はなす

当たり前の話ですが、現在形の普通の言い方であれば、すべて「はなす」でOKです。イタリア語的な考え方でいけばこれを、

(私は)はな**そ**	(私たちは)はな**しあーも**
(君は)はな**し**	(君たちは)はな**さーて**
(彼・彼女は)はな**さ**	(彼らは)はな**さの**

のように活用するわけです。「はなす」の「はな(+s)」(語幹)の部分はそのまま(これで大体の意味が分かる)、続く「す(s)u」(活用語尾)の部分を「そ(s)o」「し(s)i」「さ(s)a」「しあーも(s)iamo」「さーて(s)ate」「さの(s)ano」と変えることで、誰が(主語)が一発で分かる!という画期的なシステムなのです。

つまり、「…いあーも」と聞けば、「私たちは…する」と感覚的に分かるという仕組みになっているのです。ですから主語を表す人称代名詞(「私は」とか「君は」など)が省略されることも少なくありません。

これを実際のイタリア語の動詞「parlare はなす」で見てみると、

(io) parl**o**	(noi) parl**iamo**
(tu) parl**i**	(voi) parl**ate**
(lui/lei) parl**a**	(loro) parl**ano**

となります。最初は面倒くさいと感じるかもしれませんが、とっても便利なんですよ。

2 主語の人称代名詞と essere の活用

■■■「私は」「君は」など、主語を表す人称代名詞を見てみましょう。日本語では、「私は」「俺は」「ワシは」「おいらは」「うちは」「自分は」「余は」など、1人称単数を表す代名詞がたくさんありますが、イタリア語では「io」しかありません。どんな立場の人でも「io」を使います。3人称単数を表す「lui」は「彼は」と訳されますが、「マリオは」「私の父は」「彼女たちの伯父さんは」「君の兄は」という場合にも「lui」を使います。

	単数	複数
1人称	io 「私は」	noi 「私たちは」
2人称	tu 「君は」	voi 「君たちは」
3人称	lui（男）「彼は」 lei（女）「彼女は」	loro 「彼らは」 「彼女たちは」

敬称	Lei 「あなたは」

また、イタリア語では基本的に動詞が人称によって6種類に活用するので、動詞の活用形から主語が明らかになる場合が多くあります。ですから、主語を表す人称代名詞を省略することも少なくありません。

ただし、「**私は…**」のように主語を強調したい場合、「私は…だけど、君は…?」のように対比したい場合、主語を省略すると意味が曖昧になってしまう場合には、省略しません。

●動詞の活用

先ほど動詞の活用についてお話ししました。活用形には、実は「規則的なもの」と「不規則なもの」があります。規則的なものについては、応用が利くのですが、不規則なものについてはその都度覚える必要があります（とはいえ、要は慣れの問題です）。

日常よく使う動詞には不規則な変化をするものがけっこうあるので、「使いながら覚えよう！」くらいのおおらかさと根気強さを持って接してください。

ちなみに、ここで見るessereは不規則変化です。

■ 動詞 essere の直説法現在の活用形

io	sono	noi	siamo
tu	sei	voi	siete
lui/lei/Lei	è	loro	sono

※ 敬称の Lei は、3人称単数 lei と同じ活用形を使います。

3 avereの活用

■■■「…を持つ」を意味するavereもessere同様、不規則変化動詞です。「不規則」と呼ばれていますが、実際は規則性がないのではなく、規則性が一定でないといった意味です。つまり、不規則変化の動詞でも毎日コツコツと声に出して何度も口にしたり、ノートに書き取っていけば（例えば「私たち」のときは必ず-iamoになるなど）イレギュラーながらも何らかの規則性を見つけられますよ。

■ 動詞 avere の直説法現在の活用形

io	ho	noi	abbiamo
tu	hai	voi	avete
lui/lei/Lei	ha	loro	hanno

「私は持っている」hoは、［オ］と発音します。［ホ］と読まないようにしてください（イタリア語ではhは発音しません）。また、書くときにはhを書き忘れないようにしましょう。またbとvの違いや二重子音bbといった点に注意しながら正しい発音で練習することで、書くときのつづり間違いなどを防ぐことができます。

● こんなに使える動詞avere

動詞avereは「…を持つ」というのが基本的な意味です。単に「私はペンを持っています。Io ho una penna.」という表現だけでなく、先ほど見た「私には兄が1人います。Ho un fratello.」のように「…がいる」という表現にもなります。

次に紹介する表現もイタリア語ではよく使う表現なのでぜひ使ってみてください。

avere caldo 「（自分の体が）熱い」（字義的には「熱さを持っている」）
avere fame 「お腹が空いている」（字義的には「空腹を持っている」）
avere freddo 「（自分の体が）寒い」（字義的には「寒さを持っている」）
avere fretta 「急いでいる」（字義的には「急ぐことを持っている」）
avere sete 「喉が渇いている」（字義的には「渇きを持っている」）
avere sonno 「眠い」（字義的には「眠気を持っている」）

ちなみに、avereは不定詞（原形）なので、ho、haiのように活用させないと使えませんよ。

1 国名とその形容詞

国名は固有名詞なので、語頭の文字は大文字で表します。必要に応じて定冠詞を付ける場合がありますが、その際にはやはり男性・女性の区別がありますので注意してください。

国名	国名(イタリア語)	形容詞
日本	(il) Giappone	giapponese
イタリア	(l') Italia	italiano
アメリカ合衆国	gli Stati Uniti	americano(もしくはstatunitense)
カナダ	(la) Canada	canadese
イギリス	(l') Inghilterra	inglese
韓国	(la) Corea del Sud	coreano
中国	(la) Cina	cinese
ドイツ	(la) Germania	tedesco (-schi, -sca, -che)
フランス	(l') Francia	francese
オーストリア	(l') Austria	austrìaco (-ci, -ca, -che)
スイス	(la) Svizzera	svizzero
スペイン	(la) Spagna	spagnolo
ポルトガル	(il) Portogallo	portoghese
ギリシャ	(la) Grecia	greco (-ci, -ca, -che)
ロシア	(la) Russia	russo
トルコ	(la) Turchìa	turco (-chi, -ca. -che)
メキシコ	(il) Messico	messicano
アルゼンチン	(l') Argentina	argentino
ブラジル	(il) Brasile	brasiliano
オーストラリア	(l') Australia	australiano
ニュージーランド	(la) Nuova Zelanda	neozelandese

国を表す形容詞を名詞「…語」「…人」の意味で使うことができます。「…語」の場合には男性・単数の定冠詞を付けます(「…語を話す、勉強している」などの場合、定冠詞を省略することもあります)。

2 イタリアとヨーロッパの主要都市名と形容詞

イタリアとヨーロッパの主要都市の呼び方にも慣れておきましょう。モナコ公国に行くつもりで、「モナコ行き」の列車に乗ったら、ドイツのミュンヘンに着いてしまった、なんて笑い話もありますから。

都市名	都市名(イタリア語)	形容詞
ローマ	Roma	romano
ミラノ	Milano	milanese
ナポリ	Napoli	napletano
フィレンツェ	Firenze	fiorentino
ヴェネツィア	Venezia	veneziano
トリノ	Torino	torinese
パレルモ	Palermo	palermitano
カターニャ	Catania	catanese
ジェノヴァ	Genova	genovese
ボローニャ	Bologna	bolognese
バーリ	Bari	barese

ロンドン	Londra	londinese
パリ	Parigi	parigino
ミュンヘン	Monaco(di Baviera)	
ベルリン	Berlino	berlinese
チューリッヒ	Zurigo	
ジュネーヴ	Ginevra	ginevrino
ウィーン	Vienna	viennese
ザルツブルグ	Salisburgo	
モスクワ	Mosca	

ヨーロッパの都市を示す形容詞で一般的でないものは省略しています。形容詞が思い出せないときには、「…の」を表す前置詞diを使って表現できます。

3 いろいろな場面で使いたい、「とっさの一言」

Auguri. ——「おめでとう。」「幸運を祈ります。」

Buona fortuna. ——「幸運を祈ります。」

Congratulazioni. ——「おめでとう。」

Buon compleanno. ——「誕生日おめでとう。」

Salute. ——「乾杯。」

Infinite condoglianze. ——「お悔やみ申し上げます。」

Mi dispiace tanto. ——「とても残念です。」「お気の毒に。」

Mi spiace. ——「残念です。」

Mi fa pena con tanta passione. ——「本当にお気の毒さまです。」

Chiedo scusa. ——「ごめんなさい。」

Capisco. ——「(相手への同意を示して)分かります。」

Ho capito. ——「分かりました。」「承知しました。」

Un momento. / Un attimo. ——「ちょと待ってください。」

Datti da fare. ——「がんばれ。」

Forza. ——「がんばれ。」

Buon appetito. ——「召し上がれ」

(字義的には「(食事を始める人に)良い食事を」の意)

2. 街に出たときの表現 19

【狙い】ここからは、実際にイタリアのどこかの街に出掛けたイメージを持って学び進んでいきましょう。まずは例文を確実に押さえます。少し余裕ができて、フレーズを紡ぎ出すコツがつかめてきたら、イメージを膨らませながら例文の単語や表現を自分の身近な事物に置き換えてコミュニケーション力アップを図ります。

● 黒数字はページを表します
● 赤数字はＣＤのトラック番号です

24 行き先を伝える

Vado al bar.　バールに行きます。

■ 動詞 andare「行く」を使った表現です。行き先は前置詞 a や in を使って表します。どちらを使うかは、例文と一緒に覚えるとよいでしょう。（andare の活用は【イタリア語を極める④】p59 参照）

基本表現　CD 13

□ 001

❶ Dove vai?　どこに行くの？

□ 002

❷ Vado al bar.　バールに行きます。

応用表現

□ 003 Buongiorno. ❸ Esce?　こんにちは。お出かけですか？

□ 004 Andiamo ❹ al cinema.　（私たちは）映画を見に行きます。

□ 005 Andate ❺ in banca?　（君たちは）銀行に行くの？

■ 旅行や仕事で滞在しているホテルから外出する際にも、黙って出て行くのではなく、一言伝えられるといいですね。andare も不規則変化ですが、よく使う動詞なのでマスターしておくと便利ですよ。

語彙＋α

❶ dove「どこ」 ❷ vado (<andare「行く」)、al bar「バールに」(バールは、イタリアでポピュラーなカフェ（喫茶店）のことです。コーヒーだけでなくワインやビールなどの酒類、サンドイッチなどの簡単な食事もでき、町の社交場的な機能も果たしています。)

❸ esce (<uscire「外出する」) 3 人称単数形⇒敬称の Lei に対する活用形

❹ al cinema「映画（館）に」 ❺ in banca「銀行に」

✎ a Roma「ローマに」(都市名の前は a)、in Italia「イタリアに」(国名の前は in)、a scuola「学校に」

25 「…に行こうよ」と誘う
Andiamo in pizzeria! ピザ屋に行こうよ！

■ 動詞andareを命令法の１人称複数形（勧誘）として使えば、「…に行こう！」といったフレーズを作ることができます。会話では「相手を誘っているのが明らかになるように発音」し、書くときには文末に「！」を付けます。

基本表現 CD 13

□ 001

Andiamo ❶in pizzeria! ピザ屋に行こうよ！

□ 002

Sì, ❷volentieri. はい、喜んで。

応用表現

□ 003 Cosa facciamo ❸stasera? 今晩、何をしようか？

□ 004 Mangiate ❹fuori o a casa? （あなたたちは）外で食べるの？ それとも家で？

□ 005 Andiamo da Luca! ルカのところに行こうよ！

■ 家のベランダや庭で食べるの？　それとも家の中で食べるの？　という場合には fuori o in casa? と言います。「andare + da + 人」で「誰々のところに行く」という表現になります。前置詞の使い方に慣れましょう。1人称複数 noi の（直説法現在の）活用形は常に -iamo なので簡単ですね。

語彙＋α

❶ in pizzeria「ピザ屋に」 ❷ volentieri「喜んで」

❸ stasera「今晩」 ❹ fuori「外で（外食するの意）」、a casa「家で」

音 イタリア語では、通常の言い方（直説法）「私たちは映画を見に行きます」も、勧誘の意思を示す（命令法）「映画を見に行こうよ！」も、文字で書けばどちらも同じ文になります。なので、どのような意図で話しているのかをしっかりと示さなければなりません。イタリア語では顔の表情や身振り手振り、声のトーンなどもコミュニケーション上大切なポイントになります。「さあ…しましょう！」という気持ちが相手に伝わるよう元気よく発音してみてください。

26 バールで注文してみる

Prendo un cappuccino. カプチーノを1杯ください。

■ 動詞 prendere「取る」を使った表現です。文脈によっては「飲む」「食べる」「(乗り物に) 乗る」「買う」など、いろいろな意味を表せる便利な動詞です。「1単語＝1訳語」式に覚えるのではなく、単語の持つ意味合いの範囲を意識するようにしましょう。

基本表現

CD 14

□ 001

Cosa prende? 何になさいますか？

□ 002

Prendo un cappuccino. カプチーノにします。

応用表現

□ 003 Cosa prendete? (君たちは) 何にする？

□ 004 Non prendi un ❶panino? パニーノは注文しないの？

□ 005 Io prendo un caffè, e tu? 僕はコーヒーにするけど、君は？

■ 友人と一緒にバールにいる状況を想像しながら、人称の違いを体得していきましょう。

語彙＋α

❶ panino「(イタリア式) サンドイッチ」: バゲットや大き目の丸い形状のパン (カンパーニュ) をスライスしたものに、野菜・ハム・チーズなどを挟んだサンドイッチ。日本のサンドイッチは tramezzino と言います。

aranciata「炭酸オレンジジュース」、caffellatte［男］「コーヒー牛乳」、acqua (minerale)「(ミネラル) 水」、un bicchiere di vino「グラスワイン1杯」、spumante「スパークリングワイン」、birra「ビール」

文 prendere は規則変化する動詞で、「-ere 動詞」というタイプです。-are 動詞と少し異なるので比べてみましょう。

parl**are**「話す」		prend**ere**「取る」	
parlo	parliamo	prendo	prendiamo
parli	parl**ate**	prendi	prend**ete**
parl**a**	parl**ano**	prend**e**	prend**ono**

27 丁寧な注文の仕方
Vorrei un succo d'arancia. オレンジジュースをいただきたいのですが。

■ Vorrei は「…が欲しいのですが」という、自分の欲求を丁寧に伝える言い方です。文法的には「条件法」と呼ばれ、「もし可能であれば」といったニュアンスが含まれています。

基本表現 CD 14

□ 001

Cosa ❶desidera? 何になさいますか？

□ 002

Vorrei un ❷succo d'arancia. オレンジジュースをいただきたいのですが。

応用表現

□ 003 Cosa ❸vi porto? 何をお持ちしましょうか？

□ 004 Un caffè ❹macchiato, per favore. カフェマッキャート、お願いします。

□ 005 Da ❺bere? 飲み物は？

■ 注文は、こちらから言うこともあるでしょうし、向こうから尋ねられることもあるでしょう。一つ一つの単語に執着し過ぎることなく、焦らず相手の表情や動きを見ながら、身体全体で何を言おうとしているのかを聴き取るようにしましょう。

語彙＋α

❶ desidera (<desiderare「望む」) ❷ succo「ジュース」、d'arancia「オレンジの」 ❸ vi「あなた方に」 ❹ macchiato「エスプレッソコーヒーに牛乳を少し垂らした（字義的『染みのついた』の意）」 ❺ bere「飲む」、「da+不定詞」で「…すべき（こと・もの）」

una bottiglia d'acqua「ボトル１本の水」、acqua gassata「炭酸入りの水」、acqua naturale「炭酸なしの水」、coca「コカコーラ」、spremuta「（生絞り）ジュース」

社・文 バールでは、「立ち飲み」と「テーブル席」があります。立ち飲み式だと飲み物そのものの値段で、テーブル席だと席料がプラスされます。その代わり、給仕（cameriere）が飲み物の注文を取ってくれたり、運んできてくれたりしてくれます。

28 ごちそうするときには

Ti offro un caffè. コーヒーをおごるよ。

■ 動詞 offrire「ごちそうする」は「-ire タイプ」の規則変化動詞です。規則変化には三つのタイプがありますが、その三つ目です。「*26*」で見た「-ere タイプ」と比較して覚えましょう。シンプルなフレーズですが、「君に ti」「私がごちそうします offro」「コーヒーを un caffè」という内容をしっかり表現しています。

基本表現 CD 15

□ 001

❶Oggi ti offro un caffè. 今日は、私がコーヒーをごちそうするわ。

□ 002

Ti ❷ringrazio. ありがとう。

応用表現

□ 003 Vi offro una birra. 君たちにビールをごちそうします。

□ 004 ❸Mi offri una sigaretta? たばこ 1 本もらえる？

□ 005 Ti posso offrire ❹qualcosa? 君に何かごちそうしようか？

■ 皆さんにイタリア語をより身近に感じてもらうために、意図的に直訳調ではない訳文を充てています。イタリア語では男言葉も女言葉も基本的にありませんから、文の構造を理解した上で皆さんに合った訳文に変換してみてください。

語彙＋α

❶ oggi「今日」、ti「君に」 ❷ ringrazio (<ringraziare「感謝する」) ❸ mi「私に」、sigaretta「たばこ」 ❹ qualcosa「何か」、訳文では省略されていますが「私があなたに」

文 規則変化をする動詞 offr**ire**「ごちそうする」(-ire タイプ)

(io) offro	(noi) offriamo
(tu) offri	(voi) offr**ite**
(lui/lei/Lei) offre	(loro) offrono

※ -ere タイプと違うのはズバリ 2 人称複数だけ（-ere タイプは -ete、-ire タイプは -ite）。

⇒「誰々に」という意味を表す単語は日常会話ではよく使います。興味のある人は 60 ページの「間接目的語になる代名詞」を熟読してください。

29 お互いに相談して注文する
Cosa prendiamo? 何にしようか？

■ 直訳では、「私たちは何にしますか？」となりますが、相手と相談するときの言い方です。イタリア語では主語になる代名詞を省略することが多いのですが、「わたしは…だけど、君は？」のように主語を対比させる場合や強調するときには省略しません。

基本表現 CD 15

□ 001

Cosa prendiamo? 何にしようか？

□ 002

Io prendo un ❶tè freddo, e tu? 私はアイスティーにするけど、あなたは?

応用表現

□ 003 Che cosa ❷gradite voi? あなた方は何になさいますか？

□ 004 Prendiamo ❸l'acqua tonica. トニックウォーターにしましょう。

□ 005 Tu, cosa prendi? 君は、何にするの？

■ 即決できない場合には、反対に相手に「君は、何にするの？」と聞き返してみましょう。Cosa mi consigli?「何がお勧めなの？」（字義的には「私に何を勧めてくれるの？」）とか、Sono indeciso (Sono indecisa).「決めかねている」のように言っても良いでしょう。

語彙＋α

❶ tè freddo「アイスティー」：イタリアではアイスのストレートティーは珍しく、ピーチティー alla pesca かレモンティー al limone が一般的です。
❷ gradite (＜gradire「求める、望む」)（個人差はありますが、かなり丁寧な言い方）
❸ acqua tonica「トニックウォーター」

limonata「レモンスカッシュ」、granita「フローズンアイス（イタリア式かき氷）」

30 味について感想を言う

Questo gelato è buono. このジェラートはおいしいです。

■ buono「おいしい」、とだけ言っても大丈夫です。ただし、buono は形容詞なので「何がおいしいのか？」によって buono, buona, buoni, buone と言い分けるところに注意！

基本表現 CD 16

☐ 001

❶ Com'è il gelato? ジェラート（の味）はどう？

☐ 002

❷ Questo gelato è buono. このジェラートはおいしいです。

応用表現

☐ 003 Questi spaghetti sono buoni. このスパゲッティはおいしいです。

☐ 004 Questa pizza non è buona. このピザはおいしくありません。

☐ 005 Non è molto buono il vino? ワインはあまりおいしくないの？

■ 日本では、料理や飲み物の味に対する感想をはっきりと口に出して言う習慣はあまりないかもしれません。イタリアでは、おいしければ、仲間内だけでなくお店の人に対しても言葉で伝えてみましょう。

語彙＋α

❶ come「どのような」（com'è は come è を省略した形）

❷ questo「この…」（単独で使って「これ」の意味にもなります。）
指し示している名詞が男女・単複かによって questo, questa, questi, queste のように使い分けます。

squisito「素晴らしくおいしい（味わいのある）」、saporito「風味のよい」、ottimo「最高の」、profumato「香りの良い」

31 レストランの席を確保する

Siamo in due. （私たちは）2名です。

■ 「essere +in + 数字」で「○名です」という意味になります。もし一人であれば「Sono da solo（男性）」もしくは「Sono da sola（女性）」となります。

基本表現 CD 16

□ 001

Buona sera. いらっしゃいませ。

□ 002

Buona sera. Siamo in due. こんばんは。2名です。

応用表現

□ 003 In quanti siete voi? お客様は何名様でしょうか？

□ 004 Ho la ❶prenotazione. Morita. 予約をした、森田です。

□ 005 ❷Ci sono due posti? 2名分の席はありますか？

■ 記念日を祝うなど、すてきなお店で食事をする場合には、やはり予約をしておきたいものです。日時・人数・名前が言えれば大丈夫ですので、怖がらずに電話をかけてみましょう。最近ではメールやホームページの予約フォームで予約を受け付けてくれる店もあります。

語彙＋α

❶ prenotazione「予約」

❷ ci sono…「…がある」、due posti「2席」

社・文 イタリアのレストランのディナータイムは、日本のレストランよりも一般的にスタートが遅いので、よく確認してから予約すると良いでしょう。また、夏の時期の南イタリアでは、ディナータイムの開店・閉店は遅めなので注意しましょう。

32 何か欲しいとき
Vorrei qualcosa di caldo.　何か温かいものが欲しいのですが。

■ Vorrei は後に欲しい物を続けると「できれば欲しいのですが」という表現になります。 Qualcosa di... で「何か…なもの」という意味になります。

基本表現　CD 17

□ 001
Cosa ❶bevi?　何を飲むの？

□ 002
Vorrei ❷qualcosa di caldo.　何か温かいものが欲しいな。

応用表現

□ 003 Cosa gradisci?　何か欲しいですか？

□ 004 Vorrei qualcosa di ❸dolce.　何か甘いものが欲しいな。

□ 005 ❹Vuoi qualcosa di caldo?　何か温かいものが欲しいですか？

■ Vorrei は条件法という表現方法の一つですが、自分の意向をより丁寧に相手に伝えることができます。主語が「私」（1 人称単数）の場合には（自分の中での意志や希望を表す場合を除いて）vorrei の形を使いましょう。

語彙＋α

❶ bevi (<bere「飲む」)
❷ qualcosa「何か」、caldo「温かい」
❸ dolce「甘い」
❹ vuoi (<volere「欲しい」) 2 人称単数形

freddo「冷たい」、buono「おいしい」

文 bere は不規則変化動詞ですが、bevere だと思えば規則的な変化形として導き出せます。

(io) bevo	(noi) beviamo
(tu) bevi	(voi) bevete
(lui/lei/Lei) beve	(loro) bevono

33 どこにあるか尋ねる

Dov'è la stazione? 駅はどこですか？

■ Dove は場所を尋ねるときに使う疑問詞です。Dov'è...? で「…はどこですか？」という意味になります。幅広く使える表現ですので、ぜひ押さえておきましょう。

基本表現 CD 17

□ 001
❶ Dov'è la stazione? 駅はどこですか？

□ 002
❷ È in fondo a questa strada. この通りの突き当たりです。

応用表現

□ 003 ❸ Deve scendere alla terza fermata. 三つ目の停留所で降りてください。

□ 004 ❹ Vada diritto. 真っすぐ行ってください。

□ 005 Dove siamo? （地図を見せながら）今、（私たちは）どこにいますか？

■ 道や場所を尋ねるシチュエーションではいろいろな答えが返ってくることでしょう。実際には少しずつ語彙を増やしたり、リスニング力をアップさせなければならないのですが、あまり神経質になり過ぎないことも大切です。イタリアの人はとても親切ですし、ジェスチャーなどを駆使して意思疎通を図ってくれますから。

語彙＋α

❶ dov'è＝dove è、stazione「駅」
❷ in fondo a「…の奥」「…の突き当たり」、questa (＜questo「この…」)、strada「道」
❸ deve scendere「あなたが降りなければならない」、alla (a＋la)「…で」、terza (＜terzo「3番目」)、fermata「停留所」
❹ vada (＜andare「行く」)「行ってください」[命令法]

a destra「右に」、a sinistra「左に」、sempre diritto「ずっと真っすぐ」、al semaforo「信号のところ」、all'angolo「角のところ」、davanti a「…の前」

34 誰かにプレゼントを買う

Cerco una cravatta per mio padre. 父親のためにネクタイを探しています。

■ 動詞 cercare「探す」を使った表現です。「誰々のために」は per で表します。もし 2 本以上探しているのであれば cravatte と複数で言います。

基本表現 CD 18

□ 001

Buongiorno. ①Mi dica. いらっしゃいませ、お伺いいたします。

□ 002

②Cerco una cravatta per mio padre. 父親のためにネクタイを探しています。

応用表現

□ 003 Come questa? （ネクタイを手に店員が）これなんかいかがですか？

□ 004 Prendo questa. これにします。

□ 005 Avete ③altri colori? 他の色はありますか？

■ イタリアでは、ショーウインドウの品ぞろえを眺めたり、店員さんと話をしながら買い物をするのが一般的です。言葉が通じるかどうかについて心配し過ぎず、買い物を楽しんでくださいね。

語彙＋α

① mi dica「私におっしゃってください」
② cerco (<cercare「探す」) 1 人称単数、cravatta「ネクタイ」、mio padre「私の父親」
③ altro「他の」、colore［男］「色」

mia madre「私の母親」、fratello「兄弟」、sorella「姉妹」、figlio (figlia)「息子（娘）」、nonno (nonna)「祖父（祖母）」、
borsa「バッグ」、portafoglio「財布」、sciarpa「スカーフ、ショール」

35 値段を尋ねる

Quanto costa? おいくらですか？

■ 値段を尋ねるときのスタンダードなフレーズです。答えがイタリア語で返ってくるからと臆することなく使ってみましょう。

基本表現 CD 18

□ 001

Quanto [1] costa? おいくらですか？

□ 002

Costa venti euro. 20 ユーロです。

応用表現

□ 003 Costa dieci euro e venti centesimi. 10 ユーロ 20 セントになります。

□ 004 Quanto costa questa cravatta? このネクタイはおいくらですか？

□ 005 Dodici e venti. 12 ユーロ 20 セントです。

■ より正確には、何の値段を尋ねているのか主語で言います。イタリア語で何と言うか単語が分からないときは、物を指して「これは questo」と言えば大丈夫です。また、お店の人がユーロやセント［伊：チェンテーズィミ］を省略して、数字だけで言うこともあります。

語彙＋α

[1] costa (<costare)「値段がかかる」

11 から 20 までの数字

undici dodici tredici quattordici quindici sedici
diciassette diciotto diciannove venti

※ 21 以上の数字に関しては⇒ p55・64 参照。

文 2 つ以上の物の値段を尋ねるときには、動詞の活用形も複数形 costano となります。

36 情報を得る

Posso avere un'informazione? 一つ教えていただけますか？

■「*8*」で学んだように posso...? は、「…してもいいですか？」「…できますか？」といった便利な表現になります。字義的には「情報を持つことはできますか？」。

基本表現　CD 19

□ 001

❶ Posso avere un'informazione?　一つ教えていただけますか？

□ 002

❷ Certo. Mi dica.　もちろんです。おっしゃってください。

応用表現

□ 003　Posso ❸chiederLe una cosa?　一つお伺いしてもいいですか？

□ 004　Buongiorno.　こんにちは。

□ 005　Scusi.　（注意を促す）すみません。

■ 唐突に話し始めたり尋ねたりするのではなく、あいさつしながら旅行案内所に入ったり、係りの人の注意を促すために一声かけたりすることも大切ですよ。

語彙＋α

❶ posso (＜potere「…できる」) 1人称単数、informazione [女]「情報・インフォメーション」
❷ certo「もちろん」
❸ chiederLe (＝chiedere ＋ Le [a Lei])「あなたに尋ねる」、cosa「こと」

✎ una mappa「地図」、un orario dell'autobus「バスの時刻表」、prendere un depliant「パンフレットを取る」[(仏) 発音はデプリアン]

37 地下鉄の切符を買う

Dove posso comprare i biglietti per la metro? 地下鉄の切符はどこで買えますか？

■ 先ほど同様、posso …? の表現ですが、場所を尋ねるための疑問詞 dove が一緒に使われています。イタリアでは、諸事情により地下鉄の駅で切符が買えない場合もあるので、乗る予定がある人は事前に購入しておくのが良いでしょう。

基本表現 CD 19

□ 001

Dove posso ❶comprare i biglietti per la metro?
地下鉄の切符はどこで買えますか？

□ 002

In ❷tabaccheria. たばこ屋です。

応用表現

□ 003 Dove ❸si vendono i biglietti per l'autobus?
バスのチケットはどこで販売していますか？

□ 004 ❹Senta. すみません。

□ 005 ❺Lì, c'è la biglietteria automatica. 自動券売機があそこにあります。

■ バスや路面電車（tram）の切符は、たばこ屋や主要駅に隣接しているチケット売り場で購入します。お得なチケットとして、回数券のような 10 回券、24 時間券（1 日券）や 48 時間券といったものがある場合もあるので、案内所で聞いてみましょう。

語彙＋α

❶ comprare「買う」、biglietto「切符、チケット」、per「…のための」、metro (= metropolitana)［女］「地下鉄」 ❷ tabaccheria「たばこ屋」
❸ si vendono (vendere「売る」の受け身)「売られている」
❹ senta (<sentire「聞く」) 字義的には「聞いてください」の意。
❺ lì「あそこ」、biglietteria automatica「自動券売機」
✎ in quel bar「あのバールで」、biglietteria「チケット売り場」、alla stazione「駅で」

38 タクシーに乗る

Dove posso prendere un taxi? どこでタクシーに乗れますか？

■ イタリアには、「流し」のタクシーはいません（道端で手を上げても止まりません）。主要駅などではすぐにタクシー乗り場を見つけられますが、街中で見つけるのは苦労するかもしれません。そんなときに使える表現です。

基本表現 CD 20

□ 001

Scusi, dove posso prendere un taxi?
すみません、どこでタクシーに乗れますか？

□ 002

❶ In piazza Duomo c'è la stazione dei taxi.
ドゥオーモ広場にタクシー乗り場があります。

応用表現

□ 003 Può ❷ chiamare con una telefonata. 電話で呼べますよ。

□ 004 Mi dispiace, non lo so. 申し訳ありませんが、分かりません。

□ 005 Può ❸ chiamarmi un taxi? （ホテルのフロントで）タクシーを呼んでいただけますか？

■ 親切な運転手さんにあたったら、電話番号の入った名刺（biglietto [da visita]）をもらっておくと良いでしょう。小さな町などでは電話を 1 本入れるとすぐに来てくれます。
聞いたときに「分かりません」と答えられたときでも、grazie とお礼を言えるようにしてくださいね。

語彙＋α

❶ piazza「広場」、stazione dei taxi (posteggio dei taxi)「タクシー乗り場」
❷ chiamare「呼ぶ」、telefonata「電話をかけること」
❸ chiamarmi (chiamare + mi [=a me])「私に呼ぶ」

文 dei は部分冠詞と呼ばれる冠詞の 1 種で、「いくつかの（ここでは「何台かの」意）を表します。

39 「…行き」のバスに乗る

Qual è l'autobus per la stazione? 駅に行くバスはどれですか？

■ Qual è...? で「…はどれですか？」という表現です。qual は quale の語末の e が落ちた形です。乗り物や行き先を入れ替えれば、幅広い表現として使うことができます。

基本表現 CD 20

□ 001

Qual è l'autobus per la stazione? 駅に行くバスはどれですか？

□ 002

È il numero ①trenta. 30 番（のバス）です。

応用表現

□ 003 Quale autobus devo prendere per la stazione?
駅に行くにはどのバスに乗らなければなりませんか？

□ 004 Qual è il ②tuo numero di telefono? 君の電話番号は何番なの？

□ 005 Qual è la tua ③valigia? あなたのスーツケースはどれなの？

■ Qual(e) は、行き先を尋ねるだけでなく、応用表現にあるように「どんな…」「どれ（何）？」といった質問をするときでも使えます。

語彙＋α

① trenta「30」
② tuo「君の、あなたの」、numero「番号」、di「…の」、telefono「電話」
③ valigia［複数形 valigie もしくは valige］「スーツケース」

21 以上の数字（99 まで）：21 以上の数字は、基本的に 10 の位の数字に 1 の位の数字を続ければ導き出せます。

21ventuno（ventiuno ではない）　22ventidue　23venitré（アクセントあり）
24ventiquatro　25venticinque　26ventisei　27ventisete
28ventotto（ventiotto ではない）　29ventinove　30trenta [...]

40 「何時まで…？」と尋ねる
Fino a che ora è aperto il museo? 何時まで美術館は開いていますか？

■ 美術館や教会（chiesa）に入れる時間帯は、観光ガイドなどに書かれています。しかし変更になっていることも多いので、現地に着いたら念のために確認しておくと良いでしょう。そんなときにとても有用なフレーズです。

基本表現　CD 21

□ 001
❶ Fino a che ora è aperto il museo?　何時まで美術館は開いていますか？

□ 002
È aperto fino alle quattro.　4時まで開いています。

応用表現

□ 003 ❷ Ma deve entrare mezz'ora prima.　ですが、30分前に入館しなければなりませんよ。

□ 004 ❸ A che ora chiude la pinacoteca?　絵画美術館は何時に閉まりますか？

□ 005 ❹ Oggi il museo è chiuso.　美術館は本日休館です。

■ ここでは動詞 chiudere に関連した表現、chiude「閉まる」と è chiuso「閉まっている」が使われています。apre「開く」と è aperto「開いている」と一緒にセットで覚えておくと便利です。

語彙＋α

❶ fino a che ora「何時まで」、è aperto「開いている」、museo「美術館」「博物館」
❷ ma「しかし」、deve (<dovere「…ねばならない」) 敬称、entrare「入る」、mezz'ora prima「30分前」
❸ a che ora「何時に」、chiude (<chiudere「閉まる」)
❹ oggi「今日」、è chiuso「閉まっている」

pizzeria「ピザ屋」、ristorante「レストラン」、trattoria「食堂」、banca「銀行」、biglietteria「チケットセンター」

41 開始時期を尋ねる
Quando comincia il corso d'italiano? イタリア語の講座はいつ始まりますか？

■「いつ」を尋ねる表現です。「何日」は定冠詞 il（8 日 otto と 11 日 undici は母音で始まるので l'）＋数字で表せます。ただし月初めの「1 日」だけは序数で il primo［イル・プリーモ］となります。

基本表現　CD 21

□ 001

❶Quando comincia il corso d'italiano?
イタリア語の講座はいつ始まりますか？

□ 002

Comincia ❷il primo ottobre.　10 月 1 日に始まります。

応用表現

□ 003 Comincia in ❸aprile.　4 月に始まります。

□ 004 A che ora comincia lo ❹spettacolo?　公演は何時に始まりますか？

□ 005 ❺Fino a quando rimani in Italia?　いつまでイタリアに滞在しますか？

■「○月○日」ではなく「○月」という場合には前置詞は in を、時期ではなく時間を聞きたいときには a che ora を使います。また quando の前に fino a を付けると「いつまで」を尋ねることができます。

語彙＋α

❶ quando「いつ」、comincia (<cominciare「始まる」)、corso d'italiano「イタリア語の講座」

❷ il primo otobre「10 月 1 日」（1 日だけは序数で表現）

❸ aprile「4 月」

❹ spettacolo「公演」

❺ fino a「…まで」／rimani (<rimanere「留まる」)

42 何番線から発車するか聞く

Da che binario parte l'Eurostar per Firenze?

フィレンツェ行きのユーロスターは何番線から出発しますか？

■ 長そうに見えるフレーズですが、Da che binario「何番線から」parte「出発する」l'Eurostar per Firenze「フィレンツェ行きのユーロスターは」の三つのパーツからできています。「何番線」は「binario＋数字」で言います。

基本表現 CD 22

□ 001

Da ①che binario parte l'Eurostar per Firenze?
フィレンツェ行きのユーロスターは何番線から出発しますか？

□ 002

Parte ②dal binario nove. 9番線から発車します。

応用表現

□ 003 Parte dal binario sei ③anziché sette. 7番線ではなく6番線から出発します。

□ 004 Da che binario parte l'Eurostar 9507?
ユーロスター9507便は何番線から出発しますか？

□ 005 Da che ④parte viene la carrozza 6? 6号車はどの場所に着きますか？

■ イタリアでは、列車の遅れなどによりしばしば到着番線や出発番線が変更になります。落ち着いて対処してくださいね。また大きな荷物を持っていると移動が大変ですので、事前に自分の乗る車両の近くで待つと良いですよ。

語彙＋α

① che binario「何番線」、parte (<partire「出発する」: perは目的地を表す)
② dal＝da＋il
③ anziché「…ではなくて」
④ parte［女］「側、方向」、viene (<venire「来る」)、carrozza「車両」

arriva (<arrivare「到着する」)、in ritardo「遅れて」、in punto「時間通りに」、trenta minuti di ritardo「30分遅れ」

4 fare と andare の直説法現在の活用形

■■■ 動詞fareの活用形を復習しておきましょう。　　　の部分は少し注意が必要ですが、それ以外は-are動詞の規則変化と同じです。

■ 動詞 fare の直説法現在の活用形

io	faccio	noi	facciamo
tu	fai	voi	fate
lui/lei/Lei	fa	loro	fanno

fareを使った便利な表現（天候を表すときは3人称単数）

Fa caldo.	（天候として）暑い。
Fa freddo.	（天候として）寒い。
Fa bel tempo.	良い天気（快晴）である。
Fa brutto tempo.	悪天候である。

動詞andareの活用形です。　　　の部分は注意が必要ですが、noiとvoiの活用は-are動詞の規則変化と同じです。

■ 動詞 andare の直説法現在の活用形

io	vado	noi	andiamo
tu	vai	voi	andate
lui/lei/Lei	va	loro	vanno

andareを使った便利な表現

Come va?	「調子はいかがですか？」（親称・敬称の別なし）
Va bene.	「OK。」「了解しました。」「承知しました。」

5 間接目的語になる代名詞「誰々に」

● 君は彼に電話するの？

Telefoni a Gianluca?	ジャンルーカに電話するの？
Sì, gli telefono dopo.	うん、後で彼に電話するよ。

「ジャンルーカに a Gianluca（彼に a lui）」という部分、これはフレーズの中で間接目的語の役割を果たします。

ここでは、間接目的語になる人称代名詞を使えるようにしていきましょう。

		単数形	複数形
1人称		mi (=a me)「私に」	ci (=a noi)「私たちに」
2人称		ti (=a te)「君に」	vi (=a voi)「君たちに」「あなたがたに」
3人称	男性	gli (=a lui)「彼に」	gli (=a loro)「彼らに、彼女らに」
	女性	le (=a lei)「彼女に」	

敬称（フォーマルな相手に）	Le (=a Lei)「あなたに」

※ 強調するなどの場合、（　）内の形［強勢形］で言います。また、前置詞と一緒に使う場合も、この強勢形を使います（con me, per me など）。

Mi passi il sale, per favore?	私に塩を取ってもらえますか、お願いします。
Sì, ti passo subito.	はい、すぐに君に取ります。

Vi offro un gelato.	君たちにジェラートをごちそうします。
Ti regalo questo anello.	君にこの指輪をプレゼントするよ。

6 volereの活用

■ 補助動詞 volere の直説法現在の活用形

io	voglio	noi	vogliamo
tu	vuoi	voi	volete
lui/lei/Lei	vuole	loro	vogliono

※ 敬称の Lei は、3人称単数 lei と同じ活用形を使います。

補助動詞volereの持つ意味合いは「欲求・望み」です。そこから、「…したい・したくない」「…しませんか？」「…してくれませんか？」といった表現が可能になります。

①「したい／したくない」

Quello studente non vuole studiare.　あの学生は勉強したがらない。

②［2人称の相手の意向を尋ねる］「…しませんか？（…してはどうですか？）」

Vuoi venire con me?　私と一緒に来ませんか？

③［2人称の相手に依頼する］「…してくれませんか？」

Vuoi spegnere la televisione?　テレビを消してくれませんか？

ここに挙げた使い方は最も基本的なものです。また、volereは他動詞として使うと、相手に何かを勧める表現が可能になります。

Vuole un po' di vino rosso?
（フォーマルな間柄の相手に）赤ワインを少しいかがですか？
Vuoi un caffè?　（親しい間柄の相手に）コーヒーはどう？

7 所有形容詞

「私の…」や「君たちの…」のように、所有を表す形容詞についてまとめておきます。所有形容詞も通常の形容詞(品質形容詞)と同じように、名詞の性・数によって語尾の音を変化させます。

例：私の本 il mio libro　　私の両親 i miei genitori
君の雑誌 la tua rivista　　君の姉たち le tue sorelle

所有物 ＼ 所有者	男性・単数	男性・複数	女性・単数	女性・複数
1人称単数	mio	miei	mia	mie
2人称単数	tuo	tuoi	tua	tue
3人称単数（敬称）	suo (Suo)	suoi (Suoi)	sua (Sua)	sue (Sue)
1人称複数	nostro	nostri	nostra	nostre
2人称複数	vostro	vostri	vostra	vostre
3人称複数	loro	loro	loro	loro

所有者が3人称の場合、所有者の方は男女の区別がないため、「彼の本」であっても、「彼女の本」であっても、suo libroとなります(英語のようにhis book, her bookとはならないので注意)。

8 potereの活用

■ 動詞 potere の直説法現在の活用形

io	posso	noi	possiamo
tu	puoi	voi	potete
lui/lei/Lei	può	loro	possono

※ 敬称の Lei は、3人称単数 lei と同じ活用形を使います。

補助動詞potereの持つ意味合いは「可能性」です。そこから、「…できる」「…してもいいですか？」「…してもらえますか？」といった表現が可能になります。

①「できる／できない」

Oggi non posso venire da te.　今日は君のところに行けないよ。

②［1人称の疑問文で］「…してもいいですか？」

Posso fare una foto?　写真を撮ってもいいですか？

③［2人称の疑問文で］「…してくれますか？」

Mi puoi aiutare?　私のことを助けてくれますか？

ここに挙げた使い方は最も基本的なものです。これ以外にも肯定文や否定文、時制や法を変えることでいろいろな使い方ができます。とはいえ、最初は欲張りすぎず、単語の使い方や表現を一つ一つ確実にマスターしていってください。

表現の幅を広げる

4 数字（30以上の基数／序数）

30 trenta　31 trentuno　32 trentadue　33 trentatré　34 trentaquattro
35 trentacinque　36 trentasei　37 trentasette　38 trentotto　39 trentanove

40 quaranta　50 cinquanta　60 sessanta　70 settanta　80 ottanta
90 novanta　100 cento

101 centouno (cento e uno)　102 centodue　[...]　199 centonovantanove
200 duecento　300 trecento　400 quattrocento　[...]
999 novecentonovantanove

1000 mille　1001 milleuno (mille e uno)　[...]
1999 millenovecentonovantanove
2000 duemila　3000 tremila　[...]　10000 diecimila

100000 un milione　200000 due milioni

「何番目」などを表す序数も日常生活では比較的よく使いますから、使いながら覚えていきましょう。

1° primo　2° secondo　3° terzo　4° quarto　5° quinto
6° sesto　7° settimo　8° ottavo　9° nono　10° decimo

序数は形容詞ですから、primo, prima, primi, primeのように修飾する名詞に応じて語尾を変えます。

11よりも大きい序数は、数詞（基数）の語尾に-esimoを付けます。

11° undicesimo (>undici)　12° dodicesimo (>dodici)

13° tredicesimo (>tredici)

20° ventesimo (>venti)　21° ventunesimo (>ventuno)

22° ventiduesimo (>ventidue)　23° ventitreesimo (ventitré)　[...]

99° novantanovesimo　100° centesimo　101° centunesimo　[...]

5 月と季節

月を表す名詞は全て男性名詞になります。英語とは異なり、語頭を大文字にしないので注意してください。

1月 gennaio	2月 febbraio	3月 marzo	4月 aprile
5月 maggio	6月 giugno	7月 luglio	8月 agosto
9月 settembre	10月 ottobre	11月 novembre	12月 dicembre

春 primavera	夏 estate［女］	秋 autunno	冬 inverno

イタリアではキリスト教に関するカレンダーが生活の一部になっていますから、以下の単語を覚えておくとよいでしょう。

- 公現祭［1月6日］Epifania（幼子イエスが東方の三博士礼拝を受けたことを祝う）
- 復活祭（イースター）［年により変動：3月下旬から4月中旬の日曜日］Pasqua
- イースター・マンデー Pasquetta (Lunedì di Pasqua)
- 聖母被昇天祭［8月15日］Assunzione［女］(Ferragosto)
- 諸聖人の祝日［11月1日］Ognissanti［男（無変）］
- 万霊節［11月2日］Commemorazione dei defunti［女］
- ハロウィン［10月31日、11月1日］Halloween（アメリカやカナダから入ってきた風習として）
- クリスマス・イヴ［12月24日］la vigilia di Natale
- クリスマス［12月25日］Natale［男］
- 聖ステファヌスの祝日［12月26日］Santo Stefano

■ 時間帯を表す単語

朝・午前 mattina	午後 pomeriggio	夕方・晩 sera	夜・夜中 notte［女］
正午 mezzogiorno	真夜中 mezzanotte［女］		

seraは（地方や季節にもよりますが）午後3時くらい～ 7時以降、notteは深夜前後よりも遅い夜の時間帯を表します。

Memo

3. 知人との会話 29

【狙い】このセクションでは、単なる質問や、あるいは一方的に何かを伝えるだけでなく、お互いに言葉を交わしながらコミュニケーションを深めるための基礎固めをしていきます。例文のしくみや状況が理解できたら、自分なりに想像を膨らませて「こういう場合だと、こう言えるな」と頭の中でシミュレートしながら、主語や動詞・目的語などを入れ替える練習などを重ねていきましょう。

● 黒数字はページを表します
● 赤数字はＣＤのトラック番号です

43 自分の住んでいる町について説明する

Yokohama è una città comoda.　横浜は住みやすい町です。

■ 何かを説明するときに役立つのが形容詞です。「città 町」を説明するのが、形容詞「comoda... 心地よい（⇒住みやすい）」です。città を修飾するので comoda となります。

基本表現　CD 23

□ 001

Com'è la tua ❶città?　君の住んでいる町はどうですか？

□ 002

Yokohama è una città comoda.　横浜は住みやすい町です。

応用表現

□ 003 Osaka è una città ❷molto vivace.　大阪はとても活気のある町です。

□ 004 Come ❸ti trovi a Milano?　ミラノでの住み心地はどうですか？

□ 005 ❹Mi trovo bene in questa città.　この町はとても居心地がいいです。

■ 名詞を説明（修飾）する形容詞の度合いを強める際には「とても molto」を添えます。また、「少し un po'」という表現も便利なので押さえておきましょう。

語彙＋α

❶ città「町」 ❷ molto vivace「とても活気のある」
❸ ti trovi (<trovarsi［再帰動詞］「居心地が…である」) ❹ mi trovo (<trovarsi［再帰動詞］)

grande「大きな」、piccolo「小さな」、tranquillo「落ち着いた」、caotico「騒々しい」、elegante「上品な」

文 trovarsi の直説法現在の活用形

(io) mi trovo	(noi) ci troviamo
(tu) ti trovi	(voi) vi trovate
(lui/lei/Lei) si trova	(loro) si trovano

44 町の人口について尋ねる

Ci sono circa 3 milioni e settecentomila abitanti.
人口はおよそ 370 万人です。

■ 共通通貨ユーロ（euro［エウロ］【無変化】）導入以前のリラ（lira）の時代には、大きな位の数字を使うことも多かったのですが、最近ではあまり耳にすることがありません。とはいえ、外国の人と話していると人口や町の規模が話題になることが少なくありません。この機会に大きな位の数字に慣れておきましょう。

基本表現　CD 23

□ 001

❶Quanti abitanti ha Yokohama? 横浜の人口はどのくらいですか？

□ 002

Ci sono ❷circa 3 milioni e settecentomila abitanti.
人口はおよそ 370 万人です。

応用表現

□ 003 Quanti abitanti ci sono a Napoli? ナポリにはどれぐらいの住人がいますか？

□ 004 Piacenza è una città di centomila abitanti. ピアチェンツァは 10 万人都市です。

□ 005 Yokohama ha una ❸superficie di quattrocentotrentasette chilometri quadrati. 横浜の面積は 347 平方キロです。

■ 人口を尋ねたり答えたりする場合には、esserci や avere を使って表現することができます。

語彙＋α

❶ quanti abitanti「どれだけの住人」
❷ circa「約」、milioni (< un milione)［男］「100 万」、mila (< mille)「1000」、abitante［男］「住人」
❸ superficie「面積」、chilometro「キロメートル」（chilometro quadrato「平方キロメートル」）

45 「近くに…はありますか？」と尋ねる
C'è un supermercato qui vicino? この近くにスーパーはありますか？

■「C'è ... qui vicino?」という質問の形を覚えておきましょう。「…」の部分を入れ替えれば、いろいろな質問ができるようになります。

基本表現 CD 24

□ 001

❶ C'è un supermercato qui vicino? この近くにスーパーはありますか？

□ 002

Sì, è ❷ là a destra. はい、あそこの右です。

応用表現

□ 003 C'è un ❸ bagno? トイレはありますか？

□ 004 La trattoria *Milanese* è qui vicino? トラットリーア・ミラネーゼはこの近くですか？

□ 005 Dov'è la ❹ cassa? レジはどこですか？

■ イタリアでは（日本と比べると）外出先でトイレを見つけるのが一苦労です。バールで何か飲んで借りる、というのが一番手っ取り早い方法かもしれません。

語彙＋α

❶ c'è「…がある」「…がいる」、qui vicino「この近く」 ❷ là「あそこ」、a destra「右に」
❸ bagno「バスルーム、トイレ」 ❹ cassa「レジ」

toilette［女］［トワレット］「トイレ」、agenzia di viaggi「旅行代理店」、banca「銀行」、mercato「市場」、farmacia［ファルマチーア］「薬局」、ospedale［女］「病院」、pronto soccorso「救急病院」、a sinistra「左に」、lontano「遠い」、guasto (rotto)「壊れている」、occupato「使用中」、libero「空いている」

46 好き嫌いについて話す

Ti piace la pizza?　ピザは好きですか？

■「…が好き」という表現です。疑問文で使えば「…は好きですか？」と相手の好みを尋ねることができます。

基本表現　CD 24

□ 001

Ti ❶piace la pizza?　ピザは好きですか？

□ 002

Sì, mi piace ❷tanto.　はい、とても好きです。

応用表現

□ 003 ❸A me piace la pizza.　私はピザが好きです。

□ 004 No, non mi piace la pizza.　いいえ、ピザは嫌いです。

□ 005 No, non mi piace tanto la pizza.　いいえ、あまり好きではありません。

■ Non piaceは「好きではない」というより「嫌いです」の意味になります。「あまり好きではない」と言いたいときはtantoやmoltoを添えた上でnonで否定します。意味合いを強調する形で言う際は「a＋目的語人称代名詞(強勢形)」(例文だとa me「私にとって」)で表します。

語彙＋α

❶ piace (<piacere)「気に入る」
❷ tanto「とても」
❸ a me「私にとって」［間接目的語］

文「piacere a+ 人」は字義的には「人にとって…がお気に入りである」という意味です。要は「…が好き」という表現ですが、「好きなもの・こと」が文の主語となり、それが好きな人は「間接目的語」で表します。(【イタリア語を極める⑤・⑨】p 60・97 参照)
また、主語が複数形のときには動詞も3人称複数の形 piacciono になります。

47 「…するのが好きです」と言う

Mi piace cantare. 私は歌うのが好きです。

■「*46*」の mi piace と同様、やはり「piacere a 人」で好きなことを主語で表す言い方です。ここでは好きなこと、つまりやりたいことを動詞の不定詞で表し、それが主語になります。この場合、piacere 動詞の活用は 3 人称単数 piace です。

基本表現 CD 25

□ 001

Mi piace cantare. E a te?　私は歌うのが好きです。あなたは？

□ 002

❶Anche a me.　私もです。

応用表現

□ 003 Teresa, a te piace ❷cucinare?　テレーザ、君は料理するのが好きですか？

□ 004 No, non mi piace tanto.　いいえ、あまり好きではありません。

□ 005 ❸Neanche a noi.　（否定する際に）私たちもです。

■ 頭で分かっていてもなかなか出てこないのが、anche の否定語 neanche です。もちろん目的語だけでなく主語を否定することもでき、neanche io (neanch'io)「私も…しません」のようにも使えます。

語彙＋α

❶ anche「…も」
❷ cucinare「料理する」
❸ neanche「…も…ない」

ascoltare la musica「音楽を聴く」、guidare「運転する」、andare in bicicletta「自転車に乗る」、pescare「魚を釣る（釣りをする）」、leggere「読書する」

48 相手の体調を尋ねる

Come stai? 元気ですか？

■ 字義的には「君はどのような状態ですか？」の意。相手の体調を尋ねるフレーズです。知人に出会った際には、自然に口をついて出てくるようにしておきましょう。

基本表現 CD 25

□ 001

Come stai? 元気ですか？

□ 002

Sto bene, grazie. 元気です、ありがとう。

応用表現

□ 003 Sto ❶benissimo, e tu? とても元気だけど、君は？

□ 004 Come va? 調子はどうですか？

□ 005 Come sta, Lei? お元気ですか？

■ 相手に元気か尋ねられたら、相手のことも尋ね返してあげましょう。また、フォーマルな間柄では、動詞 stare は３人称単数形を使うので、Come sta? となります。なお、Come va? は相手との関係性に左右されることなく使うことができます。

語彙＋α

❶ benissimo「とても良い」

molto bene「とても良い」、così così「まあまあ」、non c'è male「悪くはない」、abbastanza bene「けっこう良い」、non.... tanto bene「あまり良くない」

文 形容詞や副詞（まれに名詞）の語尾に -issimo を付けることで絶対最上級を作れます。意味合いとしては「とても…」が加わります。

49 調子が悪そうな相手を心配する

Non stai bene? 元気ないんじゃないの？

■ イタリア語では、「はい Sì」か「いいえ No」を尋ねるタイプの疑問文は平叙文と同じ語順となります。また、否定疑問文も同じように作ることができます。

基本表現 CD 26

□ 001

Non stai bene? 元気ないんじゃないの？

□ 002

No, ho ❶mal di testa. そうなんだ、頭が痛いんだ。

応用表現

□ 003 Cos' hai? (=Cosa hai?) どうしたの？

□ 004 Non ❷mi sento bene. 調子が良くないのです。

□ 005 Sì, sto bene. いえいえ、元気ですよ。

■ 状況や言い方によって、「調子はどう？ Come stai?」、「元気？（大丈夫？）Stai bene?」、「調子悪いの？（調子悪いんじゃないの？）Non stai bene?」といったニュアンスの違いも表せます。イタリア語では、文法力よりも表現力がものをいう場合もあります。

語彙＋α

❶ mal di testa「頭痛」(mal di... で「…が痛い（悪い）」の意)

❷ mi sento (＜sentirsi「自分が…だと感じる」)

denti (＜dente)「歯」、pancia「おなか」、stomaco「胃」、schiena「背中」、spalle (＜spalla)「肩」、collo「首」、gamba (複数 gambe)、piedi (＜piede)「足（くるぶしから先）」

文 否定疑問文の Non stai bene? に対して、【応用表現】005 Sì, sto bene. と答える場合も、日本語の訳文に左右されないようにしてください。元気であれば Sì、調子が悪ければ No で答えます。

50 心配が体調についてだけではないときには

Cos' hai? どうしたの？

■ 字義的には「君は何を持っているの？」。体調だけでなく、心理的に何か心配ごとがありそうな相手を気遣うときに使うことができます。

基本表現 CD 26

□ 001

Cos' hai? どうしたの？

□ 002

Non mi sento tanto bene. あまり調子が良くないの。

応用表現

□ 003 Mi sento ❶stanca. 疲れているの。

□ 004 Mi sento ❷offeso. 傷ついています。

□ 005 Mi sento ❸in colpa. 責任を感じています。

■ mi sento (<sentirsi) の後に形容詞を置くと、「…の状態だということを、感じている」という表現になります。形容詞なので語尾を主語の性・数に合わせるのを忘れないようにしてください（stanco, stanca, stanchi, stanche)。

語彙＋α

❶ stanca (<stanco)「疲れた」
❷ offeso「傷ついた」（女性であれば offesa）
❸ in colpa「罪・責任について」

文 entirsi は再帰動詞といって、主語と同じ人称の代名詞がセットで使われる動詞です。「*43.* 応用表現」の trovarsi と同じタイプです。［⇒活用は p 99 参照］
会話ではまず「私 io」と「あなた tu」の活用形をセットにして身体に覚え込ませましょう（例: **Ti senti** bene? - Sì, **mi sento** bene.）。

51 アレルギーのある人が覚えておきたいフレーズ

Sono allergico ai peli. 動物の（毛の）アレルギーがあります。

■ フレーズの構造としては「essere + 形容詞」で主語の特徴を示しています。allergico は「アレルギー反応のある、アレルギー体質の」というのが基本的な意味です。ただ、そこから「嫌いな」を表すこともあります。「…に対して」を示すには前置詞の a を使います。

基本表現 CD 27

□ 001

Non ti piace il cane? （この）犬は嫌いなの？

□ 002

No, no, ma sono allergico ai ❶peli.
そんなことないけど、毛のアレルギーがあるんだ。

応用表現

□ 003 Non mi piace tanto. あまり好きではありません。

□ 004 Ho un'❷allergia al polline. 私は花粉症です。

□ 005 Mi fa male il ❸fumo. たばこの煙は私の身体に良くないんです。

■ non mi piace は「嫌い」、non mi piace tanto は「あまり好きではない（苦手）」の意。形容詞 allergico ではなく、名詞「allergia アレルギー」と言う場合には avere を使います。医学的なアレルギーだけでなく、「勉強嫌い」や「結婚生活に拒否反応がある」といった場合にも使われることもあります。これまでに見た、「fare male a + 人」の表現も使えます。

語彙 + α

❶ pelo「（人間の）毛、ひげ」「（動物の）毛」
❷ allergia「アレルギー」、polline「花粉」
❸ fumo「たばこの煙、喫煙」

agli antibiotici「抗生物質に」、ai lattici「乳製品に」、（少しふざけた言い方で）allo studio「勉強に（対して）」、al matrimonio「結婚に（対して）」

文 「前置詞＋定冠詞」の結合形⇒ p144 参照

52 「…する気分じゃない」と言うには

Non mi sento di uscire.　外出する気分じゃないの。

■ 先ほどの mi sento... を使った表現です。「Non mi sento di 不定詞」の形で覚えておきましょう。相手に質問するときは、「(Non) ti senti di 不定詞？」と言えば OK です。

基本表現　CD 27

□ 001

Usciamo stasera?　今晩、出かけませんか？

□ 002

No, grazie. Non ❶mi sento di uscire.
いいえ、誘ってくれてありがとう。外出する気分じゃないんです。

応用表現

□ 003 Oggi non mi sento di studiare.　今日は勉強する気分じゃない。

□ 004 Ti senti di cantare?　歌ってみたいですか？

□ 005 ❷Te la senti di partire subito?　すぐに出発できそうですか？

語彙＋α

❶ mi sento (<sentirsi「…の気分である」)、uscire「外出する」
❷ te la senti (<sentirsela「…できる気がする」「…する勇気（自信）がある」)、subito「すぐに」

andare al cinema「映画を見に行く」、mangiare「食べる」、lavorare「働く」

文 sentirsela「…できる気がする」について
sentire + si + la でワンセットになる動詞です。la は「それができる（di + 不定詞）」を指します。再帰代名詞 mi, ti, si... の部分は me, te, se... となり、la の部分は変化しません。

(io) me la sento	(noi) ce la sentiamo
(tu) te la senti	(voi) ve la sentite
(lui/lei/Lei) se la sente	(loro) se la sentono

53 「眠れていますか？」と気遣う言い方

Dormi bene?　よく眠れていますか？

■ 「dormire 寝る」と「bene よく」を使ったシンプルな表現ですが、実際の会話で緊張してしまうと案外出てこないフレーズです。日本・イタリアを問わず体調をキープするには睡眠は大切です。調子が悪そうな人には声をかけてあげましょう。

基本表現　CD 28

□ 001

Dormi bene?　よく眠れてる？

□ 002

Sì, dormo bene.　うん、よく眠れているよ。

応用表現

□ 003　Dormi ❶poco?　ほとんど眠れていないの？

□ 004　Dormo sì, ma non tanto.　眠れてはいるけど、あまりよくは眠れていないんだ。

□ 005　❷Dormi un po'!　少し寝なさいよ。

■ poco は副詞で「ほとんど…ない」を意味します。表現によっては不定冠詞を付けた un po'（po' は poco の co が落ちた形）で、「（程度が）少し」という言い方もあります。dormi は直説法現在と同じ形ですが、ここでは命令法（相手へのアドバイス）として使います。

語彙＋α

❶ poco「ほとんど…ない」

❷ dormi (<dormire) 命令法２人称単数

bere「飲む」、mangiare「食べる」、abbastanza「十分に」「かなり」、riposarsi「休む」

文 再帰動詞 riposarsi を命令法で使っても、「休みなさい」という意味になります。

(tu) riposati　(Lei) si riposi　(noi) riposiamoci　(voi) riposatevi

※フォーマルな相手（Lei）を除いて、再帰代名詞は動詞の末尾に付けます。

54 「眠れましたか？」と聞く

Hai dormito bene? よく眠れましたか？

■ 「*52*」では、「ここのところ」よく眠れていますか？という言い方でした。今度は、よく眠れたかどうかを尋ねる表現です。イタリア語では「近過去」という過去で表します。

基本表現 CD 28

□ 001

❶Hai dormito bene? よく眠れましたか？

□ 002

Sì, ❷ho dormito bene. はい、よく眠れました。

応用表現

□ 003 No, non ho dormito bene. いいえ、あまりよく眠れませんでした。

□ 004 Ho dormito ❸otto ore. （私は）8時間、寝ました。

□ 005 Abbiamo dormito ❹profondamente. （私たちは）ぐっすり眠りました。

■ dormire を近過去形で使うと、「眠った」「眠れた」のいずれの表現にもなります。単に訳語だけでイタリア語のフレーズを考えるのではなく、このフレーズではこんなニュアンスを表せるという発想で会話力をアップさせていきましょう。

語彙＋α

❶ hai dormito「君は眠った」 ❷ ho dormito「私は眠った」
❸ otto ore「8時間」 ❹ profondamente「深く」

poco「ほとんど…ない」

文 dormire「眠る」の近過去形

(io) ho dormito	(noi) abbiamo dormito
(tu) hai dormito	(voi) avete dormito
(lui/lei/Lei) ha dormito	(loro) hanno dormito

※近過去については、p 98 参照。

55 予定を尋ねる

Stasera esci con Lucia?　今晩、ルチアと外出するの？

■ Uscire「外出する」を使った表現です。「出かける」というニュアンスも表せます。「出る」と言う意味でも使え、「…から」は前置詞 da や di で表します。

基本表現　CD 29

□ 001

[1] Stasera esci con Lucia?　今晩、ルチアと出かけるの？

□ 002

Sì, andiamo al cinema.　うん、映画を見に行くんだよ。

応用表現

□ 003 A che ora [2] uscite di casa?　（あなたたちは）何時に家を出るの？

□ 004 Cosa fai [3] di bello domani?　明日、何か楽しいことするの？

□ 005 Non [4] posso uscire domani sera.　明日の夜は外出できません。

■「家から外に出る（出かける）」という場合、前置詞は di を使うので注意してください。また、イタリア語では未来のことを表す場合でも、現在形で表現することができます。未来を表す表現もこの機会に覚えておきましょう。

語彙＋α

1. stasera「今晩」、esci (<uscire「外出する」)、con「…と」
2. uscire di casa「外出する（家を出る）」
3. di bello「いいこと」、domani「明日」
4. posso (<potere「…できる」)、domani sera「明日の夜」

uscire da scuola「下校する」「卒業する」
uscire dall'ufficio「オフィスを出る」uscire a fare la spesa「買い物に出かける」

56 …に会いに行く

Vado a trovare mio nonno. 祖父に会いに行きます。

■ Vado は andare「行く」の１人称単数「私は」の形です。trovare「見つける」の後に「人」を表す単語を続けると、「会いに行く（遊びに行く）」という意味になります。

基本表現 CD 29

□ 001

Sabato ❶pomeriggio esci? 土曜の午後は出かけるの？

□ 002

Vado a ❷trovare mio nonno. 祖父に会いに行きます。

応用表現

□ 003 Vai a ❸fare la spesa? 買い物に行くの？

□ 004 Andiamo a ❹vedere un film. （私たちは）映画を見に行きます。

□ 005 Vanno a lavorare. （彼らは）仕事に行きます。

■「andare a 不定詞」で「…しに行く」の意味になります。不定詞の部分を入れ替えながら、いろいろな表現をマスターしていきましょう。

語彙＋α

❶ pomeriggio「午後」
❷ trovare ＋人「（誰々）に会う」、mio nonno「私の祖父」
❸ fare la spesa「（食料品などの日常の）買い物をする」
❹ vedere un film「映画を見る」

fare spese「ショッピングする」、fare una passeggiata「散歩する」、fare un viaggio「旅行する」、mangiare fuori「外食する」、sciare「スキーをする」

57 「どこかに行こうか？」と誘う

Domani usciamo?　明日、出かけませんか？

■ Uscire「出かける」を使ったシンプルな表現です。1人称複数 noi を主語にして、疑問文にすることで「…しませんか？」と言うことができます。

基本表現　CD 30

□ 001

Domani usciamo?　明日、出かけませんか？

□ 002

Sì, andiamo a vedere un film.　はい、映画を見に行きましょう。

応用表現

□ 003 Domani usciamo!　明日、出かけようよ！

□ 004 Sì, ❶volentieri.　うん、喜んで。

□ 005 Usciamo nel pomeriggio.　午後に出かけましょう。

■ 「usciamo...!」は命令法の1人称複数の形で、「…しようよ！」の意味になり、相手を誘うときに使える表現になります。前後の文脈や口調にもよりますが、Usciamo domani! と語順を入れ替えると、「（今日じゃなくて）明日、出かけよう！」といったニュアンスを表します。

語彙＋α

❶ volentieri「喜んで」

insieme「一緒に」、nel primo pomeriggio「お昼過ぎ（昼食後）に」、nel tardo pomeriggio「午後遅く（夕方近く）に」

文 uscire「出かける」の直説法現在の活用形

(io) esco	(noi) usciamo
(tu) esci	(voi) usciamo
(lui/lei/Lei) esce	(loro) escono

58 出張するという言い方

Giovedì faccio un viaggio di lavoro a Osaka. 木曜日、大阪に出張で行きます。

■ ちょっと複雑なフレーズに見えますが、「いつ（木曜日 giovedì）」「どこ（大阪に a Osaka）」「何（出張 un viaggio di lavoro）」というシンプルな構造です。

基本表現 CD 30

☐ 001

Giovedì faccio un ❶ viaggio di lavoro a Osaka.
木曜日、大阪に出張で行きます。

☐ 002

Allora, buon viaggio e buon lavoro. じゃあ、気を付けて。いい仕事をね。

応用表現

☐ 003 Vado a Osaka ❷ per lavoro. 仕事で大阪に行きます。

☐ 004 Andate a Kobe ❸ in treno? （君たちは）神戸に列車で行くの？

☐ 005 Facciamo un viaggio di lavoro ❹ per 3 giorni.
（私たちは）3日間の出張に行きます。

■ どんな交通手段で行くのかは「in ＋乗り物」で表せます。また、期間を表すには前置詞 per を使います。

語彙＋α

❶ viaggio di lavoro「出張」
❷ per「…のために」
❸ in treno「列車で」
❹ per「…の間」
✎ in macchina「車で」、in aereo「飛行機で」、in pullman「バスで」

59 時間の約束をする
A che ora ci vediamo? 何時に待ち合わせようか？

■ すでに「何時まで fino a che ora...?」に出てきた表現ですが、さらに使いこなせるようにしましょう。「che ora 何時」との違いにも注意してください（例：Che ora è? 何時ですか？）。

基本表現 CD 31

□ 001
❶A che ora ci vediamo? 何時に待ち合わせしようか？

□ 002
Ci vediamo alle dieci. 10 時に待ち合わせましょう。

応用表現

□ 003 Ci vediamo domani ❷alle otto. 明日の 8 時に待ち合わせましょう。

□ 004 A che ora comincia ❸lo spettacolo? 公演は何時に始まるの？

□ 005 A che ora ❹ti vengo a prendere? 何時に迎えに行こうか？

■ Ci vediamo の他にも、いろいろな動詞を使って語彙を増やし、表現を豊かにしていきましょう。出てくる例文を覚えるだけでなく、自分の言いたいことや自分の身の回りのことをイタリア語にしてみる練習が会話力アップの秘訣です。A che ora ti vengo a prendere? の ti は、直接目的語になる代名詞です。［p145・146 参照］

語彙＋α

❶ a che ora「何時に」、ci vediamo「会う」 ❷ all+ 数字（複数）「…時に」
❸ lo spettacolo「公演」
❹ ti「君を」、vengo (<venire「来る（ここでは行く）」)、prendere「迎える」

文 ci vediamo は、常に「代名詞＋動詞」でワンセットになる再帰動詞です。主語が複数の場合（noi, voi, loro）、「お互いがお互いに…する」という意味になります。ここでは、「お互いがお互いに会う」で「待ち合わせる」となります。

60 ショッピングに行ったときに

Come mi sta? 似合ってるかしら？

■ 主語が省略されていますが、試着などしながら「（これ）私にどうですか？」と、似合っているかどうかを尋ねる表現です。「これ questo/questa」を付けて尋ねることもあります。

基本表現 CD 31

□ 001

❶ Come mi sta? 似合っていますか？

□ 002

Ti sta benissimo. 君にとてもよく似合っているよ。

応用表現

□ 003 Quegli occhiali ti stanno bene. その眼鏡、君にぴったりだよ。

□ 004 ❷ Sembra un figurino. まるでファッション雑誌のモデルみたいだよ。

□ 005 Le sta molto bene questo ❸ colore. この色がとてもお似合いですよ。

■ 主語が複数の名詞「眼鏡 occhiali」であれば動詞も複数形 stanno となります。「似合っている人」は間接目的語の代名詞で表します。フォーマルな会話、店員さんが皆さんにコメントする場合などでは Le を使います。

語彙＋α

❶ come「どのような」、sta（<stare「状態である」）❷ sembra（<sembrare「…に見える」）、figurino「最先端のファッションを取り入れた人」❸ colore「色」

gonna「スカート」、pantaloni［男・複］「ズボン」、cravatta「ネクタイ」、camicia「ワイシャツ」、camicetta「ブラウス」、scarpe［女・複］「靴」、stivali［男・複］「ブーツ」、maglia「セーター、ニット」、maglietta「T シャツ、ポロシャツ」

61 サイズがちょっと…

Queste scarpe sono un po' strette. この靴は少しきついです。

■ 服や靴などは、色やデザインが気に入ってはいてもサイズが問題になります。stretto は「(幅や広さが) 狭い」という意味の他、衣服などでは「きつい」「ぴったりしている」を表します。

基本表現　CD 32

□ 001

Queste scarpe sono bellissime. この靴はとても美しいですよ。

□ 002

Sì, ma sono un po' ❶strette. はい、でも少しきついです。

応用表現

□ 003 ❷Mi piace il colore. 色は気に入っています。

□ 004 Questa gonna per me è stretta. このスカートは私にはきついです。

□ 005 Questi pantaloni sono un po' ❸larghi. このズボンは少し緩いです。

■ サイズが問題になる場合に、黙って考え込んでいるばかりでは店員さんは戸惑ってしまいます。商品は気に入っているけれどサイズがちょっと、ということを伝えられるといいですね。

語彙＋α

❶ stretto「きつい、狭い」
❷ mi piace「私は気に入っている」
❸ largo「緩い」

forma「形」、troppo「あまりにも」、largo (-ghi, -ga, -ghe)「ゆったりした、緩い」、grande「大きい」、piccolo「小さい」

「…の方が好き」と言うには

Io preferisco il caffè. 私はコーヒーの方が好きです。

■ Preferireは単に「好き」ではなく、「…の方を好む」という意味を表します。-ire動詞の規則変化ですが、noiとvoiを除く活用形に-isc-が挟まるタイプです。

基本表現 CD 32

□ 001
Nobu, tu preferisci il caffè o il tè?
ノブ、君はコーヒーと紅茶どちらの方が好きなの？

□ 002
Io preferisco il caffè. 僕はコーヒーの方が好きだよ。

応用表現

□ 003 Prendi un caffè o un tè? コーヒーにする、それとも紅茶にする？

□ 004 Preferisco il vino ❶rosso al bianco. 白よりも赤ワインの方が好きです。

□ 005 Preferisco la ❷cucina italiana. イタリア料理の方がいいです。

■「…よりも…の方が好きだ」と言う場合、「…よりも」の部分には前置詞aを使います（ここでは定冠詞ilとくっついてal)。

語彙＋α

❶ rosso「赤い」、bianco「白い」、al（<a＋il 「前置詞＋定冠詞の結合型」は p144を参照）
❷ cucina italiana「イタリア料理」

文 preferireの直説法現在の活用形

(io) prefer**isco**	(noi) preferiamo
(tu) prefer**isci**	(voi) preferite
(lui/lei/Lei) prefer**isce**	(loro) prefer**iscono**

63 「…の方が良い」という好みを伝える

Preferisco un colore più chiaro. もっと明るい色の方が好きです。

■ 形容詞の前に più を添えることで、「より…」という意味がプラスされます。このように気に入ってはいるけれど、「さらに…の方が良い」という表現もマスターしておきましょう。Le piace は動詞 piacere の直説法現在３人称単数の形で、「あなたは…が好き」という意味です。

基本表現 CD 33

□ 001 Le piace questa camicetta? このブラウス、お気に召しましたか？

□ 002 Preferisco un colore ❶più chiaro. もっと明るい色の方が好きです。

応用表現

□ 003 Preferisco un colore ❷meno scuro. あまり暗くない色の方が好きです。

□ 004 Preferiamo non mangiare. 私たちは食事したくありません。

□ 005 ❸Preferirei di no. そうでない方がありがたい。

■ 形容詞の前に meno を添えると「…を抑えた（少ない）」の意味になります。さらに色合いを付けたい場合には、più や meno のさらに前に「少し un po'」とか「とても molto」を付けます。また、「preferire ＋ non 不定詞」で「…したくない」の意味になります。

語彙＋α

❶ più chiaro「より明るい」 ❷ meno scuro「暗さの少ない」
❸ preferirei (preferire の条件法１人称単数「（できれば）…の方が好ましい」)

vivace「鮮やかな、快活な」、calmo, tranquillo「落ち着いた」
［色を表す形容詞］verde「緑」、giallo「黄色」、azzurro「青」、nero「黒」、bianco「白」、rosso「赤」
（以下の形容詞は無変化：viola「紫」、blu「濃い青」、rosa「ピンク」

64 クレジットカードで支払う

Posso pagare con la carta di credito?
クレジットカードで支払えますか？

■ 近年はクレジットカード払いができないお店は少なくなりましたが、田舎の個人商店などではまだ難しいこともあります。表現自体は「posso...? …できますか？」というシンプルなものです。

基本表現 CD 33

□ 001

Posso ❶pagare con la carta di credito?
クレジットカードで支払えますか？

□ 002

❷Certo. もちろんですよ。

応用表現

□ 003 Sì, certo. はい、もちろんですよ。

□ 004 ❸Purtroppo si accetta solo il bancomat. 残念ながら、デビットカードのみの扱いです。

□ 005 Vuole pagare con lo yen o in euro? 円とユーロ、どちらでの支払いがご希望ですか？

■ クレジットカードで決済する場合、（その時点で店側が提示する）円で決済するか、（クレジットカード会社の決済レートで）購入した商品のユーロ相当分が円で引き落とされるかを選択してくださいと言われることがあります。

語彙＋α

❶ pagare「支払う」、carta di credito「クレジットカード」 ❷ certo「確かに」
❸ purtroppo「残念ながら」、si accetta「受け付けられる」、solo「～だけ」、bancomat「銀行キャッシュカード（デビットカード）」

社・文 クレジットカード払いの場合、自分のクレジットカードから極力目を離さないようにしましょう（カード裏に記載されているセキュリティー番号を見られないため）。暗証番号を入力する際も無防備に入力しないようにしましょう（他の人が入力しているときは目を逸らしたり、距離を取るなどの配慮を）。

65 試着したいときには

Posso provare? 試してみてもいいですか？

■ こちらも「posso...? …できますか？」を使えば OK です。動詞 provare は「試す」という意味なので、試着だけでなく何か使い勝手を試してみたいときにも使えます。

基本表現 CD 34

☐ 001

Posso provare? 試してみてもいいですか？

☐ 002

Come no. もちろんです。

応用表現

☐ 003 Il ❶camerino è là, in fondo. 試着室はあちらの奥です。

☐ 004 Posso ❷prendere in mano? 手に取ってみてもいいですか？

☐ 005 ❸Perché no. もちろんです。

■ イタリアでは、スーパーマーケットやデパートを除くと、買い物のときに自由に商品に触れることはマナー違反になります。手に取ったり試してみたいときには、必ずお店の人に声をかけてからにしましょう。

語彙＋α

❶ camerino「試着室」、in fondo「突き当たりに」
❷ prendere「(手に) 取る」、in mano「手に」
❸ perché no「(字義的に) どうして No であるでしょうか」の意

giacca「ジャケット」、scarpe [女性・複数]「靴」、penna「ペン」、biro [女]「ボールペン」、borsa「バッグ」、dolce「お菓子」、assaggiare「味見する」
※お菓子の試食は provare でも表現できます。

66 値引き交渉をする

Mi può fare un po' di sconto? 少し値引きしてもらえませんか?

■ Potere を使って、主語を相手（あなた Lei）にした疑問文です。字義的には「…できますか？」、ニュアンスとしては「…してもらえますか？」となります。

基本表現 CD 34

□ 001

❶ Mi può fare un po' di sconto? 少し値引きしてもらえますか?

□ 002

Possiamo fare uno sconto del ❷ 10 per cento. 10 パーセントお値引きできますよ。

応用表現

□ 003 Mi può fare un pacchetto regalo? プレゼント包装してもらえますか?

□ 004 Purtroppo non possiamo farlo. 残念ながらお値引きはできません。

□ 005 Le faccio uno sconto di 5 euro. 5 ユーロお値引きいたします。

■ 値引きができない店もありますが、個人商店などでは値引きしてもらえることが多いようです。最初から底値で値段を付けている店もあるので、状況を見ながら尋ねてみましょう。お店によっては「コーヒー 1 杯ごちそうしますよ」（1 ユーロ程度の端数を値引きします）としゃれた答えが返ってくるかもしれません。

語彙＋α

❶ mi「私に」（間接目的語代名詞）、un po' di「…を少し」、sconto「割引」
❷ dieci per cento「10 パーセント」

saldi「バーゲン」、entrata libera「入場無料」（気軽に入店してくださいといったニュアンスで使われることもある）、sconto fino all'80 per cento「最大 8 割引き」、prezzo「値段」、tre per due (3×2)「二つ分の値段で商品を三つ購入可能」

67 仕上がりの期日を聞く

Quanto tempo ci vuole? どれくらい時間が必要ですか?

■ Ci vuole で「…が必要」という言い方です。主語（必要となるもの）が複数の場合には ci vogliono となります。ズボンやスカートの裾上げ、指輪やペンダントに名前などを彫ってもらうなど、どれくらい時間が必要かを尋ねるときに使える表現です。

基本表現 CD 35

□ 001

Quanto ❶tempo ci vuole?　どれくらい時間が必要ですか？

□ 002

Ci vogliono due giorni.　2日かかります。

応用表現

□ 003 Quanto tempo ci vuole per andare al museo?
美術館に行くにはどれくらい時間が必要ですか？

□ 004 Ci vuole ❷tanto tempo per finire questo lavoro.
この仕事を終えるにはたくさんの時間がかかります。

□ 005 Che ci vuole?　何が必要ですか？

■「per＋不定詞」を続けると、「…するために…が必要」という表現が可能になります。また、時間以外にも「…が必要」という表現に使うことができます。

語彙＋α

❶ tempo「時間」（quanto tempo で「どれくらいの時間」の意）
❷ tanto「たくさんの」、finire「終える」

✎ quanti giorni「何日」、a piedi「徒歩で」、con il taxi「タクシーで」、da qui「ここから」

文 交通手段としての乗り物を表す際は、in を使うと「*58*」で学びましたが、前置詞 con を使うことも可能です。ただし、その場合には冠詞を付けます（con la macchina, con il treno など）。

68 購入を即決できないときは

Ci devo pensare un po'.　少し考えたいです。

■ Pensarci (pensare + ci) で「そのことを考える」「そのことに配慮する」という意味になります。字義的には「私はそのことを少し考えなければならない」で、「少し考えてみたい」というニュアンスになります。

基本表現　CD 35

□ 001

❶ Le è piaciuta questa camicetta? このブラウスがお気に召しましたか？

□ 002

Sì, ma ci devo pensare un po'. はい、でも少し検討したいです。

応用表現

□ 003 Devo pensarci un po'.　少し考えてみたいです。

□ 004 Ci pensi tu?　君に任せてもいいかな？

□ 005 Ci penso io.　私に任せてください。

■ ここでの代名詞 ci には「私たちを（に）」の意味はなく、「そのこと」を意味しています。pensarci は「自分が責任を持ってやる」や「任せる」といったニュアンスを表すこともあります。便利なフレーズなので、そのまま覚えて使ってみましょう。

語彙＋α

❶ Le è piaciuta「あなたは気に入った」(Le piace の近過去)

文 代名詞の位置は、補助動詞の前に置く（ci devo pensare)、不定詞の語尾に付ける（devo pensarci)、のいずれも可能です。

音 目的語になる人称代名詞と動詞や（補）助動詞と動詞など、文法上結びつきの強い単語は、単語を一つ一つ発音するのではなく、一まとまりで発音するようにすると、ネーティブの発音にぐっと近づきます。

69 「…ができる」という言い方

Sai cucinare?　料理はできますか？

■「sapere ＋不定詞」で「…することができる」という表現です。学習や経験によってできる、という意味合いで使います。上手にできると言うときは bene を添えます。

基本表現　CD 36

□ 001

❶ Sai cucinare bene?　料理は上手なの？

□ 002

Sì, so cucinare e ❷ mi piace.　はい、料理はできますよ。それに好きなんです。

応用表現

□ 003　Sapete parlare italiano?　（君たちは）イタリア語が話せますか？

□ 004　Lui sa fare ❸ di tutto.　彼は何でもできます。

□ 005　Puoi cucinare tu ❹ stasera?　今晩、君が料理してくれる？

■「potere＋不定詞」でも「…できる」という言い方になりますが、こちらは「可能性」として「できる・できない」を表します。なので、puoi cucinare? は料理の腕はともかく、可能性として「…してもらえるのか」「…してもらえないのか」を尋ねています。

語彙＋α

❶ sai (<sapere「知っている」)、cucinare「料理する」　❷ mi piace「私は好き」
❸ di tutto「何でも」　❹ stasera「今晩」

ballare「踊る」、nuotare「泳ぐ」、sciare「スキーをする」、guidare「運転する」

音 sciare は［シャーレ］ではなく、「シアーレ」と発音します。ちょっと風変わりな動詞で、「sci スキー」＋「-are（を）する」でできています。通常 -scia- の発音は、lasciare「残す」［ラシャーレ］となり、［ラシアーレ］とはなりませんので注意してください。

70 「休みを取る」と言う

Puoi prendere la vacanza in agosto? 8月に休みを取れるの？

■ 「potere＋不定詞」で「…することは可能かどうか」を尋ねる言い方です。（potere の活用形は p 63 参照）

基本表現 CD 36

□ 001

Puoi ❶prendere la vacanza in agosto? 8月に休みを取れるの？

□ 002

Sì, posso prendere 3 giorni di vacanza. はい、3日間の休みが取れます。

応用表現

□ 003 Abbiamo una settimana di vacanza. 1週間の休みがあります。

□ 004 Sono in vacanza. （私は）休暇中です。

□ 005 Dove andate in vacanza? 休暇でどこに遊びに行くの？

■ これまでに学んだ動詞（avere, essere, andare）とうまく組み合わせることで、幅広い表現が可能になります。

語彙＋α

❶ prendere「取る」、vacanza「休み、休暇」、agosto「8月」

(ペン) vacanze estive「夏休み（休暇）」、le vacanze di Natale「クリスマス休暇」、passare le vacanze in montagna (al mare)「山で（海で）休暇を過ごす」

文 「○月に」という場合には前置詞の in か di を使います。

社・文 ferie［女・複］も「休み、休暇」を表す名詞ですが、形容詞 feriale で使う場合は「平日の」という意味で使われます（giorno feriale「平日」）。

71 「…しなければいけない」と答える

Devo lavorare fino a tardi. 遅くまで働かなければならないんです。

■ 「dovere ＋不定詞」で「…しなければならない」を表すことができます。主にそういった務めや義務、必要性を負っているといったニュアンスを含んでいます。

基本表現 CD 37

□ 001

Non ❶torni ancora a casa? 家にまだ帰らないの？

□ 002

Devo lavorare ❷fino a tardi. 遅くまで働かなければならないんだ。

応用表現

□ 003 Non devi lavorare ❸così tanto. そんなにたくさん働かなくてもいいのに。

□ 004 Domani non dobbiamo andare a scuola. 明日は学校に行かなくてもいいんです。

□ 005 Devo ❹chiamare un medico? お医者さんを呼びましょうか？

■ dovere を否定で使う場合、「…してはいけない」だけでなく「…しなくても良い」といったニュアンスも表せます。また、dovere を 1 人称の疑問文で使うと、「…しましょうか（…した方が良いでしょうか）？」といった意味になります。

語彙＋α

❶ torni (<tornare「戻る」)、ancora「まだ」 ❷ fino a tardi「遅くまで」
❸ così tanto「そんなにたくさん」 ❹ chiamare「呼ぶ」、medico「医者」

studiare「勉強する」、fare i compiti「課題（宿題）をする」、rimanere in ufficio「仕事場に留まる」、arrivare「到着する」

文 dovere の直説法現在の活用形は p100 を参照してください。

9 動詞 piacere の使い方

■■■「…が好きだ」とイタリア語で言う場合、動詞piacereを使います。そして、この「…が」にあたるものが主語になります。通常、主語はpiacereの後に置きます。

① 好きなものが単数名詞の場合：piace＋単数名詞
② 好きなものが複数名詞の場合：piacciono＋複数名詞

この際、「好きだ」という感覚を持つ人（体験者）は間接目的語［p60参照］で表します。ですから、「ジェラートが好きだ」という場合には次のように表します。

Mi piace il gelato.
Ti piace il gelato.
Gli piace il gelato.
Le piace il gelato.
Ci piace il gelato.
Vi piace il gelato.
Gli piace il gelato.

「前置詞a＋代名詞の強勢形」で表すこともあります。

A me piace il gelato.
A te piace il gelato.
A lui piace il gelato.
A lei piace il gelato.
A noi piace il gelato.
A voi piace il gelato.
A loro piace il gelato.

（間接目的語になる）代名詞ではなく、「マルチェッロは」のように名前でいう場合には「前置詞a＋名前」で表します。

A Marcello piace il gelato.

「…が気に入った」という場合には、動詞piacereを直説法近過去［p98参照］で表します。「このピザが気に入った」を例に見てみましょう。

Mi é piaciuta questa pizza.
Ti è piaciuta questa pizza.
Gli è piaciuta questa pizza.
Le è piaciuta questa pizza.
Ci è piaciuta questa pizza.
Vi è piaciuta questa pizza.
Gli è piaciuta questa pizza.

※ 助動詞にはessereを使い、過去分詞の語尾を主語の性・数にそろえます。

10 直説法近過去

■■■ 近過去とは、これまでに起こったことを、すでに完了したものとして捉える表現です(「…した」「…してしまった」)。イタリア語には過去を表す表現がいくつかありますが、この近過去が最もスタンダードなものです。

「avere(もしくはessere)の現在形＋過去分詞」の二つの動詞を組み合わせて作ります。avere(もしくはessere)は主語の人称に合わせて現在形で活用させ、過去で表現したい動詞を過去分詞にします。ここでのavereやessereを助動詞と言います。

過去分詞は、-are動詞は語尾を-ato（parlare-parlato）に、-ere動詞は-uto（tenere-tenuto）に、-ire動詞は-ito（dormire-dormito）にすることで導き出せます。過去分詞の形が不規則なものもあるので、その都度覚えていくようにしましょう。

Ieri ho parlato con Paolo.　「昨日、私はパオロと話しました。」
Abbiamo tenuto Luca a cena.　「私たちは夕食にルカを引き止めました。」

ほとんどの動詞ではavereを使いますが、自動詞の一部や再帰動詞を近過去にする際にはessereを使います。こちらについては、辞書を引いたときに自動詞であれば<es>と出ているのか(助動詞にessereを取るということ)、<av>と出ているのか(助動詞にavereを取ること)も確かめるようにしてください。ちなみに、他動詞では必ず助動詞はavereを取るので、辞書には何も書かれていません。

助動詞にessereを取る動詞では、過去分詞の語尾を主語の性・数によって-o, -i, -a, -eと変化させます。

Sono andata a Roma.「私(女・単)はローマに行きました。」
Siamo rimasti a casa.「私たち(男・複)は家にいました(留まりました)。」

11 再帰動詞（直説法現在と近過去）の活用

■■■ ここでは、再帰動詞の直説法現在と近過去の作り方を見ていきましょう。再帰動詞とは、主語と同じ「自分自身」を指す代名詞と動詞が1セットになった動詞のことです。

まずは直説法現在の活用形から見ていきましょう（「起きるalzarsi」の場合）。

(io) mi alzo	(noi) ci alziamo
(tu) ti alzi	(voi) vi alzate
(lui/lei/Lei) si alza	(loro) si alzano

再帰代名詞mi, ti, si, ci, vi, siにalzareの活用形（alzo, alzi, alza, ...）を続けるだけです。否定する場合には再帰代名詞の前にnonを置きます（non mi alzo.）。

次に近過去の活用です。再帰動詞を近過去で表す場合、助動詞にはessereを使います。ですから、必ず次のような活用形になります。

(io) mi sono＋過去分詞	(noi) ci siamo＋過去分詞
(tu) ti sei＋過去分詞	(voi) vi siete＋過去分詞
(lui/lei/Lei) si è＋過去分詞	(loro) si sono＋過去分詞

例えば「服を着るvestirsi」であれば、上記の形に（再帰代名詞を含まない）動詞vestireの「過去分詞vestito」を続けます。その場合、過去分詞の語尾を主語の性・数に一致させます。

(io) mi sono vestito / mi sono vestita	(noi) ci siamo vestiti / ci siamo vestite
(tu) ti sei vestito / ti sei vestita	(voi) vi siete vestiti / vi siete vestite
(lui) si è vestito / (lei) si è vestita	(loro) si sono vestiti / si sono vestite

文法で説明されると苦手だという人は、最初のうちはあまり文法にがんじがらめになって、イタリア語が嫌いにならないようにしてくださいね。本文では、必要最低限の文法事項の説明で、とにかく「どんどんイタリア語を聴いて・話す」を繰り返すことでイタリア語に慣れ親しむことを目指します。

本文の内容が定着してくる頃になると、きっと「さらにこう言うにはどうしたらいいのだろう？」といった疑問や好奇心が沸き起こってくるはずです。そうしたらしめたもので、そのときにしっかりと「言葉の構造」を把握するようにしてみてください。

12 dovere と sapere の活用

■ 補助動詞 dovere の直説法現在の活用形

io	devo	noi	dobbiamo
tu	devi	voi	dovete
lui/lei/Lei	deve	loro	devono

※ 敬称の Lei は、3人称単数 lei と同じ活用形を使います。

補助動詞volereの持つ意味合いは「義務」「必要性」です。そこから、「…しなければならない」「…する必要がある」といった表現が可能になります。

①「…しなければならない／…してはいけない」

Devo studiare di più. もっと勉強しなければならない。
Tu non devi bere troppo. 君は飲みすぎてはいけない。

②「…する必要がある／…する必要はない」

Devo chiamare un medico? - No, non deve chiamarlo.
お医者さんを呼びましょうか？ ―いいえ、呼ぶ必要はありません。

ここに挙げた使い方は最も基本的なものです。他にも、推量を表して「…に違いない(…のはずである)」という表現として使うことも可能です。

Lui deve essere a casa. 彼は家にいるはずです。

■ 動詞 sapere の直説法現在の活用形

io	so	noi	sappiamo
tu	sai	voi	sapete
lui/lei/Lei	sa	loro	sanno

※ sapere は、不定詞を従えて「…できる」という補助動詞として使える他、「…を知っている」という意味で他動詞として使うこともできます。

Sai suonare il pianoforte? ピアノが弾けますか？［補助動詞］
Sai l'indirizzo di Mario? マリオの住所知ってる？［他動詞］

補助動詞sapereはやり方を心得ていて「…できる」、potereは一般に状況が許すので「…できる」を意味します。

4. 情報を得る表現 42

【狙い】このセクションでは、情報を得るための表現をマスターしていきましょう。これまで出てきた表現と同様のフレーズも出てくるかもしれませんが、その場合には復習のつもりでしっかりと自分のモノにできているか、確認してみてください。

● 黒数字はページを表します ● 赤数字はCDのトラック番号です

72 ホテルの部屋を予約する

Vorrei prenotare una camera doppia.
ツインルームを一つ予約したいのですが。

■ ストレートに欲求や希望を伝えるのではなく、依頼のニュアンスを表現したい場合には、volere の丁寧な言い方（条件法）を使います。まずは、1 人称単数「io 私は」の形 vorrei を使えるようにしておきましょう。

基本表現　CD 38

□ 001

Buongiorno, *Hotel Bristol*. こんにちは、ホテル・ブリストルです。

□ 002

Vorrei prenotare una ❶camera doppia.
ツインルームを一つ予約したいのですが。

応用表現

□ 003 Vorrei prenotare un ❷tavolo. （レストランで）1 テーブル予約したいのですが。

□ 004 Possiamo prenotare una camera per 2 ❸notti?
2 泊分の部屋を一つ予約できますか？

□ 005 Avete un ❹parcheggio? 駐車場はありますか？

■「2 晩（夜）」という言い方で 2 泊を表します。また、「5 月 13 日に」という場合には per il tredici maggio、「6 月 12 日から」という場合には dal dodici giugno と言います。サービスや施設が備えられているかは avete を使って尋ねます。

語彙＋α

❶ camera doppia「ツインルーム」 ❷ tavolo「テーブル」 ❸ notte「夜」 ❹ parcheggio「駐車場」

albergo「ホテル、旅館」、camera singola「シングルルーム」、camera matrimoniale「ダブルルーム」、colazione「朝食」

社・文 ホテルの用語にもかなり英語が入っているので、世界展開しているようなホテルなどでは、camera twin delux「デラックスツインルーム」とか、camera king delux「（キングサイズベッドの入った）デラックスルーム」といった言い方をすることもあります。

73 目的地に行くバスがどれかを尋ねる

Che autobus va in via Roma? ローマ通り行きのバスはどれですか?

■ 「che ＋名詞」は、「どんな…」を尋ねる表現でしたね。字義的には「どのバスがローマ通りに行きますか？」という意味になります。「*39*」の表現で言い換えることも可能です。

基本表現 CD 38

□ 001

Che autobus va in via Roma? **ローマ通り行きのバスはどれですか?**

□ 002

Lei deve prendere il ❶numero 17. **17番のバスに乗ってください。**

応用表現

□ 003 Che ❷linea devo prendere per andare a Sampierdarena?
サンピエルダレーナに行くには何番の路線に乗らなければなりませんか？

□ 004 Può prendere ❸qualsiasi autobus. **どのバスに乗ってもいいですよ。**

□ 005 ❹Sarebbe meglio prendere il taxi. **タクシーに乗った方が良いでしょう。**

■ Che linea は字義的には「どの路線」の意。このタイプの質問では、いろいろな答えが返ってくるでしょうから、音声を何度も聴きながら少しずつリスニング力をアップさせていきましょう。

語彙＋α

❶ numero 「番号」
❷ linea 「路線」
❸ qualsiasi 「いかなる…でも」
❹ sarebbe meglio ＋不定詞 「するのが良いだろう」

mezzo (di trasporto) 「（交通）手段・便」、treno 「列車」

74 乗り場を尋ねる

Dov'è la fermata del 17? 17 番のバス停はどこですか？

■ 場所を尋ねる疑問詞 dove を使った表現です。「*33*」ですでに学んだ表現ですが、実際の会話では意外に出てきにくいものです。基本的な単語をしっかりと押さえて、使えるようにしておきましょう。

基本表現 CD 39

□ 001

Dov'è la fermata del 17? 17 番のバス停はどこですか？

□ 002

❶ Lì all'angolo, cinquanta metri più avanti.
50 メートル先のあの角ですよ。

応用表現

□ 003 ❷ Vada sempre diritto ずっと真っすぐ進んでください。

□ 004 È più avanti sulla destra. この先の右手にあります。

□ 005 È ❸ davanti alla chiesa. 教会の前です。

■ vada は andare の命令法の形です。道順を教える場合にはこの命令法を使います。例えば、「giri a sinistra 左に曲がってください」といった表現がよく用いられます。いろいろな答えが返ってくるでしょうが、焦らず地図を見ながら目的地を目指してください。

語彙＋α

❶ lì「あそこ」、angolo「角」、metro「メートル」、più avanti「もっと先の」
❷ vada (<andare「行く」) 命令法の敬称
❸ davanti a「…の前」、chiesa「教会」

dietro a「…の後」、dopo「(空間的に) …の次に、…の先に」、prima「(空間的に) …の手前に」

75 自分の乗りたい列車があるかどうか尋ねる
C'è un treno per Bologna? ボローニャ行きの列車はありますか？

■ こちらもおなじみの表現です。C'è...? (Ci sono....?) の形で、「…がありますか？」「…はいますか？」という質問ができましたね。行き先は前置詞 per に続けて表し、「○時に」という時間は「alle ＋数字」で言います（ただし、単数の「1時に」だけは all'una となる）。

基本表現 CD 39

□ 001

C'è un treno per Bologna? ボローニャ行きの列車はありますか？

□ 002

Sì, c'è un ❶eurostar alle 7.30. 7時30分発のユーロスターがあります。

応用表現

□ 003 C'è un ❷volo per il Giappone? 日本行きの便はありますか？

□ 004 Oggi c'è un volo ❸diretto per Osaka? 今日は大阪行きの直行便がありますか？

□ 005 Ci sono ❹corriere per Siena? シエナ行きのバスはありますか？

■ 行き先が国名のときは、per il Giappone や per l'Italia のように定冠詞を添えます。一般的に、autobus は都市内を回る路線バス、都市間を結ぶ定期便バスや長距離バスを corriera、貸し切りなどの観光バスを pullman のように言いますが、この区分けが曖昧な場合もあります。

語彙＋α

❶ eurostar「ユーロスター（特急電車）」
❷ volo「フライト、便」
❸ diretto「ダイレクトの（直通の）」
❹ corriera「（都市と都市を結ぶ）定期便バス」「長距離バス」

文 国名も基本的には -o で終わるものは男性名詞、-a で終わるものは女性名詞です。-e で終わる日本は男性名詞で、アメリカ合衆国は男性・複数形で gli Stati Uniti と言います。

76 開始時間を尋ねる
A che ora comincia la partita? 試合は何時に始まりますか？

■「*40*」などで学んだ「何時に」という表現の復習です。待ち合わせをする際にも、「ci vediamo（私たちが）お互いに会う」と組み合わせて使えます。

基本表現 CD 40

□ 001
A che ora comincia la ❶partita? 試合は何時に始まりますか？

□ 002
Comincia alle 8. 8時に始まります。

応用表現

□ 003 Fino a che ora ❷è aperto il mercato? 市場は何時まで開いていますか？

□ 004 A che ora ❸finisce il concerto? コンサートは何時に終わりますか？

□ 005 Che ore sono? - ❹Saranno le 10. 何時ですか？ー10時じゃないかな。

■「fino まで」を組み合わせると、「何時まで」という質問ができます。Che ore（= Che ora）は、「何時」という意味なので混同しないようにしてください。

語彙＋α

❶ partita「試合」 ❷ è aperto「開いている」、mercato「市場」 ❸ finire「終わる」
❹ saranno (<essere「…です」) 直説法未来3人称複数形

文 saranno は、essere の3人称複数です。ここでは、未来形を現在の出来事の推測として使っています。(「○時じゃないかな」というニュアンス)

arrivare「到着する」、partire「出発する」、chiudere「閉じる（閉店する）」、negozio「商店」、museo「美術館、博物館」、spettacolo「出し物、公演」、banca「銀行」

導入 / 出会ったときの表現 / 街に出たときの表現 / 知人との会話 / 情報を得る

77 相手を誘う言い方
Noi andiamo al bar. Vieni anche tu?
私たちはバールに行くけど、あなたも来ない？

■「私たちはバールに行くけれど、そのバールに来ない？」と相手を誘う言い方です。「そこに合流します」と答える場合には動詞 venire を使う点に注意してください。

基本表現 CD 40

□ 001
Noi andiamo al bar. Vieni anche tu?
私たちはバールに行くけど、あなたも来ない？

□ 002
Sì, ❶ci vengo volentieri. はい、喜んで行きます。

応用表現

□ 003 Vieni con noi al bar? 私たちと一緒にバールに来ませんか？

□ 004 No, grazie. Io devo andare ❷in biblioteca.
いいえ、ありがとう。図書館に行かなきゃならないんだ。

□ 005 ❸Perché non andiamo insieme? 一緒に行きましょうよ。

■ Vieni? と誘われて、誘われたのとは別のところに行く場合は、動詞 andare を使います。perché non...? は、字義的には「どうして…しない の？」で、「…しましょう」と相手を誘う際に使える表現です。

語彙＋α

❶ ci (= al bar)「そこに（＝バールに）」、volentieri「喜んで」 ❷ in biblioteca「図書館に」
❸ perché non「…してみませんか」、insieme「一緒に」

文 命令法の１人称複数 noi の形を使うと、「…しましょう！」という勧誘の表現が作れます。動詞の活用も直説法現在と同じ形なので簡単です。
Andiamo al cinema!「映画を見に行きましょう！」
また、「…しないでおきましょう！」という言い方は non を付けるだけで OK です。
Stasera non beviamo troppo!「今晩、飲み過ぎないようにしましょう！」

78 「…も来ますか？」と尋ねる
Viene alla festa anche Carla? パーティーにはカルラも来るの？

■「来る venire」を使った表現です。動詞の活用はイタリア語で話す際の土台になりますから、何も考えなくてもスラスラ出てくるまで繰り返し練習しましょう。一つの動詞につき 100 回も声を出して練習すればかなり頭に入りますよ。

基本表現 CD 41

□ 001

Viene alla ❶festa anche Carla? パーティーにはカルラも来るの？

□ 002

Sì, ❷ci viene anche lei. はい、彼女も来ます。

応用表現

□ 003 ❸Penso di sì. / Penso di no. そう思います。／そう思いません。

□ 004 Vengono Laura e Francesco? ラウラとフランチェスコも来るの？

□ 005 Non ❹ne ho idea. 分かりません。

■「そう思います penso di sì」や「分かりません non ne ho idea」（字義的には「そのことについては考えを持っていない」の意）は会話ではよく使う表現なので、この機会に覚えてしまいましょう。

語彙＋α

❶ festa「パーティ」、anche「…も」
❷ ci (=alla festa)「そこに（＝パーティーに）」
❸ penso(＜pensare「考える、思う」) 直説法１人称単数
❹ ne「そのことについて」

festa di domani「明日のパーティー」、festa di compleanno「誕生パーティー」、venire da＋（人）「（人）のところに来る」

79 明日の予定を尋ねる／答える

Domani che cosa fai? 明日は何をするの？

■「*21*」の「どんな仕事をしているのですか？」という表現で動詞 fare を使いましたが、このように具体的に何をする予定なのかを尋ねるときにも使えます。DVD を 1 枚見るつもりであれば、un DVD のように不定冠詞を付けます。何枚か見る場合には冠詞は不要です。

基本表現 CD 41

□ 001

Domani che cosa fai? 明日は何をするの？

□ 002

❶ Rimango a casa e guardo DVD. 家に居て、DVD を見ます。

応用表現

□ 003 Cosa fai ❷ di bello? 何をしているの？

□ 004 Non ho ❸ niente di preciso. 特にはっきりとした予定はないよ。

□ 005 ❹ Se domani fa bel tempo, andiamo a fare un picnic.
明日良い天気だったら、ピクニックに行きます。

■ イタリア語の現在形は表せる範囲が広いので、例えばChe fai? で「(今から) 何をするの？」や「(今後) 何をする (つもりな) の？」だけでなく、「(今) 何をしているの？」といった意味も表せます。

語彙＋α

❶ rimango (<rimanere「留まる」) 直説法現在 1 人称単数、guardo (<guardare「見る」)
❷ di bello「いいこと」(例文の字義的な意味は「何か良いことしているの？」)
❸ niente「何も…ない」、di preciso「正確に」
❹ se「(もし) …なら」、fa bel tempo「良い天気である」、 picnic［男・無変化］「ピクニック」

音 DVD は、アルファベットをイタリア語読みするだけ、つまり［ディヴディ］と読みます。

80 具体的な予定を立てるために

Quanto tempo ci vuole per andare a Napoli in macchina?
ナポリに車で行くには、どれくらい時間がかかりますか？

■「*66*」で学んだ「時間がどれくらい必要か」を使ったフレーズです。ここでは、このフレーズを使ってさらに具体的な情報を集めてみましょう。「…するために」は前置詞 per で表します。

基本表現 CD 42

□ 001

Quanto tempo ci vuole per andare a Napoli in macchina?
ナポリに車で行くには、どれくらい時間が必要ですか？

□ 002

Ci vogliono 6 ❶ore. **6 時間かかります。**

応用表現

□ 003 Ci vogliono ❷più di 3 ore. **3 時間以上はかかります。**

□ 004 Ci vuole ❸un po' di relax. **リラックスが必要だ。**

□ 005 Ci vogliono 300 euro. **300 ユーロ必要です。**

■Più を使うと「…以上」を表せます。また、ci vuole は時間だけでなく他のものに対しても使えます。その際も、「必要なもの」が主語になり、ci vuole... と ci vogliono... を使い分けます。

語彙＋α

❶ ora「時間」
❷ più di「…以上」
❸ un po' di「…を少し」、relax［男・無変化］「リラックス」

ancora「まだ、さらに」、molto「とても多くの（時間・お金）」、al minimo「最低でも、最小で」、al massimo「最高で、最大で」、in aereo「飛行機で」、in treno「列車で」、in traghetto「フェリーで」、a piedi「徒歩で」

81 親しい間柄の相手にお願いする
Puoi aprire la finestra? 窓を開けてもらえる？

■ 可能性を表す補助動詞 potere を使った表現です。2 人称の形で質問すると、「…してもらうことは可能ですか（…してもらえますか）？」を表せます。また、come no は字義的には「いいえであることがあるだろうか」で、certo 同様、「もちろんです」の意味になります。

基本表現 CD 42

□ 001

Puoi aprire la finestra? 窓を開けてもらえる？

□ 002

Come no. いいよ（No であるわけがないじゃない）。

応用表現

□ 003 ❶Apri la finestra, per favore. 窓を開けてください。

□ 004 ❷Mi puoi accompagnare fino alla stazione?
私のことを駅まで送ってもらえない？

□ 005 Puoi ❸aiutarmi? 手伝ってもらえますか？

■ 命令法でも相手に依頼することが可能です。ただし命令法を使って相手に何かお願いをする場合は、「お願いします」を意味する per favore を添えた方が良いでしょう。

語彙＋α

❶ apri (<aprire「開ける」) 命令法 2 人称単数、per favore「お願いします」
❷ mi「私を」(直接目的語代名詞)、accompagnare「同行する」
❸ aiutarmi (=aiutare +mi「私を助ける」)

文 「補助動詞＋不定詞」と目的語になる代名詞や再帰代名詞（など）を一緒に使う場合には、二つのパターンが可能です。一つは、動詞の前に置く。もう一つは、不定詞の語尾の -e を落としてくっつける方法です（例：mi puoi aiutare / puoi aiutarmi）。

82 フォーマルな関係の相手にお願いする

Può ripetere?　繰り返していただけますか？

■ イタリア語では、親しい（del tu）の間柄とフォーマルな（del Lei）の間柄とで話し方を区別します。相手との距離感を示すために、フォーマルな間柄の相手は Lei（3 人称単数・女性）で示します。ちなみに、日本語の謙譲語的な考え方ではないので、「私」は常にどんな相手であっても io で表します。

基本表現　CD 43

□ 001

Scusi. Può ripetere?　すみません。繰り返していただけますか？

□ 002

Come no.　もちろんいいですよ。

応用表現

□ 003 Non ho capito bene.　よく分かりませんでした。

□ 004 Può scrivere qui?　ここに書いていただけますか？

□ 005 Può ❶indicarmi la strada per piazza Maggiore?
マッジョーレ広場への道を教えていただけますか？

■ Non ho capito は、capire「理解する、分かる」の近過去 1 人称単数の形で「分からなかった」（p 98 参照）。現在形は Non capisco で「分かっていない」。たくさんの数字やスペルが難しそうな名前や地名の場合には、紙などを出して書いてもらいましょう。

語彙＋α

❶ indicarmi (=indicare「指し示す」+mi)

lentamente「ゆっくり」、ancora una volta「もう 1 度」、a stampatello「活字体で」

社・文 イタリアの筆記体は私たちが学校で習った英語式のと同じではないので、イタリア人の手紙などは読むのに苦労するかもしれません。大体は慣れれば読めるようになるのですが、中には読みづらい字を書く人もいます。そのような場合には a stampatello で書いてもらいましょう。

83 「それをいただきます」という言い方

Si, lo prendo. はい、それをいただきます。

■ 日本語でも日常会話ではよく「あれちょうだい」とか「それもらいます」という言い方をします。イタリア語でも単純に単語を繰り返さずに代名詞（ここでは lo）に置き換えて言います。

基本表現　CD 43

□ 001
Prendi un caffè?　コーヒー飲みますか？

□ 002
Sì, lo prendo.　はい、いただきます。

応用表現

□ 003 Mangiate il gelato?　ジェラート食べますか？

□ 004 Sì, lo mangiamo volentieri.　はい、喜んでいただきます。

□ 005 Non ❶lo so.　そのことを知りません。

■ Non lo so の lo は、これまでとは少し違ったものです。つまり、具体的な名詞ではなく「そのこと」を示します。 例えば「今日、大通りで自転車事故があったけど、けが人はいたの？」という質問に対して、「そのこと (= けが人がいたのかどうか)」を知らないといった場合にも使える便利な言い回しなので覚えておきましょう。

語彙＋α

❶ lo「そのことを」

社・文　代名詞（ここでは直接目的語になる人称代名詞）を使いこなすことはイタリア語を話せるようになる上で非常に重要です。イタリア語をモノにするぞ、という意欲や興味のある人はぜひ、【イタリア語を極める⑭⑮】p145・146 を読んでみてください。しくみが理解できたら、後は練習することが大切です。実際の会話では頭で「え～と」と考えることなく、反射的に答えられるように練習を重ねることがマスターへの近道です。

84 どんな感じの人か尋ねる

Tu conosci Giorgio? 君はジョルジョのこと知ってる？

■ Conoscere は現在形で使うと、「(人を) 知っている」「(人) と知り合いである」を表します。どのような感じの人か知りたいときは、come を使います。

基本表現 CD 44

□ 001

❶ Tu conosci Giorgio? 君はジョルジョのことを知っていますか？

□ 002

Sì. Lui è molto ❷ simpatico. はい。彼はとても感じの良い人ですよ。

応用表現

□ 003 Conosci Luisa ❸ di persona? ルイーザのことを直接知ってますか？

□ 004 Chi è Giorgio? ジョルジョって誰？

□ 005 Come ❹ era il ragazzo di Angela? アンジェラの彼氏ってどんな感じだった？

■ 名前だけは聞いたことがあるという場合でも「知っている」と言えなくはないので、直接面識があるかどうかを尋ねたいときには di persona を添えると良いでしょう。また、疑問詞 chi を使うと、「どこの、誰？」かを尋ねる言い方になります。

語彙＋α

❶ conosci (<conoscere「知っている」) ❷ simpatico「感じの良い」
❸ di persona「直接本人を」
❹ era (<essere「…である」) 直説法半過去 3 人称単数、il ragazzo「彼氏」

di nome「名前（について）は」、antipatico「感じの悪い」、gentile「親切な」、elegante「上品な」、aperto「開放的な、社交的な」、chiuso「閉鎖的な」、allegro「陽気な」、tranquillo「落ち着いた」

85 知らないときも、はっきり言う

Non lo so. 知りません。

■ 何かについて知らない、分からないというときに使う表現です。「Sai che…? …について知ってる？」、「Sai se…? …かどうか知ってる？」、「Sai dove …? どこに…か知っている？」、Sai quando …? いつ…か知ってる？」など、幅広い表現が可能になります。

基本表現 CD 44

□ 001

Sai ❶dove abita Luca? ルカがどこに住んでいるのか知ってる？

□ 002

Non lo so. 分かりません。

応用表現

□ 003 Lo sappiamo benissimo. 私たちはそのことをとてもよく知っています。

□ 004 Non lo sapete? そのことを知らないの？

□ 005 ❷Stasera vince il Milan? 今夜はミランが勝つかな？

■ Sapere の主語を変えることで、「彼らはそれを知っていますよ」とか、「そのことを知ってるの（知らないの）？」という具合に、いろいろな表現が可能になります。スポーツの試合結果について尋ねられたときにも使えます。

語彙＋α

❶ dove「どこ」、abita (<abitare「住む」)

❷ stasera「今晩」、vince (<vincere「勝つ」)、il Milan「ACミラン（イタリア・セリエＡのチーム」

社・文 サッカーチームの（名詞の）性については、正式名称が associazione［女］「協会、団体」や fondazione［女］「財団」であれば女性名詞、(soccer もしくは football) club［男］「クラブ」であれば男性名詞であるのが一般的です。

86 「知らなかった」という言い方

Non lo sapevo. 知りませんでした。

■「*84*」で学んだNon lo soを直説法半過去にしたフレーズです。「私は知りませんでした（今、知りました）」という表現になります。肯定文でLo sapevoにすれば、「知っていたよ」「こうなることは分かっていたよ」といったニュアンスを表せます。

基本表現 CD 45

□ 001

Sai che Federico ①ha sposato Roberta?
フェデリーコがロベルタと結婚したの知ってる？

□ 002

Non lo sapevo. 知らなかったよ。

応用表現

□ 003 Giovanni ②è già partito, non lo sapevi?
ジョヴァンニはもう出発したよ。知らなかったの？

□ 004 Lo sapevo che lui mi ③mentiva. 私をだましているのは分かっていたわ。

□ 005 ④L'ho saputo da Luca. ルカからそのことを知らされました。

■主語を変えると、「知らなかったの？」という表現も可能です。また、l'ho saputo da Lucaのように近過去を使うと、字義的には「そのことをルカから知った」となり、「ルカから聞かされて、そのことを知っている」という意味になります。

語彙＋α

① ha sposato「…と結婚した」 ② già「すでに」、è partito「出発した」
③ mentiva (<mentire「だます」) ［直説法半過去3人称単数］
④ l'ho saputo (=lo ho saputo)「そのことを私は知った」［近過去］、da「…から」

社・文 トマトソースのパスタを食べているときに白いワイシャツを着ていたら、ソースが跳ねないかどうか心配になりますよね。気を付けてはいても「あっ」とソースが跳ねてシャツにシミが。そんなときには、まさにこのフレーズの出番です、Lo sapevo.（やるんじゃないかと心配していたけれど、やっぱりやっちゃった）。

87 「自分に任せて」と言う

Ci penso io. 私に任せてください。

■「*67*」で学んだ pensarci（pensare + ci）の表現ですね。覚えていますか？ ci は今問題となっている「そのこと（については）a ciò」を指します。「そのことについて考える（配慮する）」という意味を表します。

基本表現 CD 45

☐ 001

❶ Mi dispiace, domani non posso accompagnarti all'aeroporto.
申し訳ない、明日は空港まで君を送っていけないんだ。

☐ 002

Non ❷ ti preoccupare. Ci penso io. 心配しないで、自分で何とかします。

応用表現

☐ 003 Ci pensi tu? 君自身で何とかできますか？

☐ 004 Penso io a ❸ tutto. 全て私に任せてください。

☐ 005 Che ❹ ne pensi? （それについては）どう思う？

■ 同じように「そのことに（ついては）」という意味ですが、「それについてどう思う？」と質問するときには、ci ではなく ne を使います。

語彙 + α

❶ mi dispiace「遺憾です、残念です、申し訳ありません」、aeroporto「空港」
❷ ti preoccupare（< 再帰動詞 preoccuparsi「心配する」）（否定）命令の 2 人称単数
❸ tutto「全て、全部」 ❹ ne「そのことについては（di ciò）」

音 mi, ti, ci, lo などの代名詞（目的語代名詞、再帰代名詞など）は動詞と意味の上で一まとまりをなすものです。読むときもやはり一固まりで単語を一つ一つ区切ることなく、滑らかに続けて言うようにしましょう。それだけで、ネーティブの発音にグッと近づきます。

88 古くから面識があるかどうかを尋ねる
Conosci Luisa da tanto? ずいぶん前からルイーザのこと知ってるの？

■ すでに学んだ動詞 conoscere「知る」を使った表現です。現在形のフレーズ da+ 時間に関わる表現で「…前から」を表すことができます。

基本表現 CD 46

□ 001

Conosci Luisa ❶da tanto? ずいぶん前からルイーザのこと知っているの？

□ 002

❷La conosco da 10 anni. 10 年前から彼女と知り合いです。

応用表現

□ 003 Dove ❸hai conosciuto Luisa? ルイーザとどこで知り合ったの？

□ 004 ❹Vi conoscete già? 君たちもう知り合いなの？

□ 005 Quando ❺vi siete conosciuti? 君たちはいつ知り合いになったのですか？

■ Hai conosciuto のように近過去で表現すると、「知り合った」の意味になります。また、vi conoscete（vi siete conosciuti/e）のように「お互いに知り合う（知り合った）」を意味する再帰動詞を使って表現することも可能です。

語彙＋α

❶ da tanto「ずいぶん前から」
❷ la「彼女（のこと）を」、anno「年」
❸ hai conosciuto「君は知り合った」
❹ vi conoscete「君たちはお互いに知り合いである」
❺ vi siete conosciuti「君たちはお互いに知り合った」
da poco「少し前から」、da parecchio「かなり前から」、ancora「まだ」、bene「よく」

89 「あの人は誰？」と聞く

Chi è quella ragazza bionda?　あの金髪の女の子は誰なの？

■ 知人が親しげに話していたり、素敵な感じの人を目にしたときには、「あれは誰だろう」と思うのが人の常ではないでしょうか？　そのような場合に使える表現がこれです。

基本表現　CD 46

□ 001

①Chi è quella ragazza bionda?　あの金髪の女の子は誰なの？

□ 002

②Lei è Anna, una mia amica.　彼女はアンナで、私の友人です。

応用表現

□ 003　Chi è?　（インターホンで）どなた様ですか？

□ 004　Chi ③era quella signora?　あのご婦人はどなたなの（どなただったの）？

□ 005　Chi ④sarà?（思いがけない時間帯の電話などで）誰かしら？

■ インターホンなどで相手が分からない場合「（あなたは）誰ですか？」と言いますが、電話では「Con chi parlo?（字義的には、私は誰と話していますか？）」のようにように言います。また、半過去形を使うと「誰だったっけ」、未来形を使うと「誰なのかな」といったニュアンスを表すことができます。

語彙＋α

① chi「誰」、quello「あの…」、biondo「金髪の」
② lei「彼女は」、mio「私の」、amica「女友達」
③ era (<essere「である」直説法半過去 3 人称単数)、signora「ご婦人」
④ sarà (<essere「である」) 直説法未来 3 人称単数

donna「女」、uomo「男」、gente［女］「人々」、ragazzo/a「少年／少女」、studente (studentessa)「学生（女学生）」、questo「この…」、fratello「兄弟」、sorella「姉妹」、figlio/a「息子／娘」、signore「殿方」

90 知人を紹介する

Ti presento un mio collega. 君に私の同僚を紹介するよ。

■ 間接目的語の代名詞「ti 君に」と動詞 presentare「紹介する」を使った表現です。知人に知人をうまく紹介できれば友達の輪がぐんと広がりますよね。

導入 出会ったときの表現 街に出たときの表現 知人との会話 情報を得る

基本表現 CD 47

□ 001

❶ Ti presento un mio collega. Lui è Ken-ichi.
君に私の同僚を紹介するよ。彼は謙一です。

□ 002

Sono Ignazio. Piacere. イニャツィオです。初めまして。

応用表現

□ 003 Vi presento il mio amico Felice. 君たちに友人のフェリーチェを紹介します。

□ 004 Le presento ❷ i signori Nakao. あなたに中尾夫妻を紹介します。

□ 005 Mi presenti i tuoi ❸ genitori? 私に君の両親を紹介してくれないかな?

■【基本表現】で言えば、① 紹介する相手「君に（間接目的語）」、② 紹介する人「私は（主語）」、③ 紹介すべき人「私の同僚を（直接目的語）」が把握できれば、いろいろなパターンに対応できるようになります。紹介する相手がフォーマルな間柄の人であれば Le（間接目的語人称代名詞）を使います。

語彙＋α

❶ ti「君に」、presento（<presentare「紹介する」）、collega［男・女］「同僚」
❷ i signori...［男・複］「…夫妻」
❸ genitori［男・複］「両親」

amico (amici, amica, amiche)「友人」、famiglia「家族」、parente［男・女］「親戚」、moglie「妻」、marito「夫」

91 「名残惜しいけれど失礼しなければいけない」と言う

Quasi quasi devo tornare a casa. そろそろ家に帰らなくてはいけないんです。

■ Quasi quasi は迷いや決断しかねている様子を表します。「どうしようかな？」といったニュアンスが含まれています。

基本表現　CD 47

□ 001

❶Quasi quasi devo tornare a casa.　そろそろ家に帰らなくちゃいけないの。

□ 002

Ti accompagno a casa?　家まで送って行こうか？

応用表現

□ 003　Quasi quasi ❷prenderei un ramen.

どうしようかな、ラーメンでも食べようかな。

□ 004　Quasi quasi lo compro.　それ買っちゃおうかな。

□ 005　Quasi quasi ❸mi mettevo a ridere.　ほとんど笑い出すところだったよ。

■「ほぼ…だと思うくらいだ」や「…してしまおうかな」といったニュアンスを含むこともあります。日本語に訳しづらい表現ですが、とてもイタリア的なのでダウンロードの音声をよく聴いてまねしましょう。

語彙＋α

❶ quasi quasi「もしかして…するかもしれない」」
❷ prenderei (<prendere「食べる」) 条件法現在１人称単数
❸ mi mettevo (<「metersi a 不定詞」で「…し始める」) 直説法半過去１人称単数、ridere「笑う」

音 辞書によっては quasi［クワーズィ］、casa［カーサ］のように書かれていますが、母音に挟まれた s は有声音で発音して問題ありません。

92 「…は済ませましたか？」と尋ねる

Hai fatto colazione? 朝食は済ませたの？

■ 近過去を使った表現です（近過去は p 98 参照）。l'ho は省略しなければ la ho となり、la は colazione「朝食」を受ける代名詞です。このような場合、過去分詞の語尾も代名詞の性・数に合わせて fatta と変化させます。

基本表現 CD 48

□ 001

❶ Hai fatto colazione? 朝食は済ませたの？

□ 002

Sì, l'ho ❷ già fatta. はい、もう済ませました。

応用表現

□ 003 Hai fatto la ❸ barba? ひげは剃ったの？

□ 004 ❹ Stamattina non hai fatto la doccia? 今朝はシャワー浴びなかったの？

□ 005 Cosa hai fatto ieri? 昨日は何をしましたか？

■ Fare は「する」を意味する動詞ですが、名詞との組み合わせで幅広い表現が可能になります。楽しみながら語彙を増やしていってください。

語彙＋α

❶ fatto (< fare の過去分詞) : hai fatto「君は済ませた」、colazione［女］「朝食」
❷ già「すでに」 ❸ barba「ひげ」 ❹ stamattina「今朝」、doccia「シャワー」

ieri sera「昨晩」、l'altro ieri「一昨日」、due giorni fa「2 日前」、la settimana scorsa「先週」、il mese scorso「先月」、l'anno scorso「去年」、tre settimane fa「3 週間前」、quattro mesi fa「4 カ月前」、cinque anni fa「5 年前」、il pranzo「昼食」、la cena「夕食」、le pulizie「掃除」、il bucato「洗濯」

93 これまで行ったことがあるかを尋ねる

Sei già stata a Roma? （君は）ローマに行ったことがあるの？

■ Stare「いる、滞在する、住む」の近過去の表現です。ここでは、「（これまでに）行ったことがある」かを尋ねています。ここでの「君」は女性を想定しているので stata となっています。ci は「そこに」、つまり「ローマに a Roma」を受けています。

基本表現 CD 48

□ 001

❶ Sei già stata a Roma?　（君は）ローマに行ったことあるの？

□ 002

Sì, ci sono già stata tre ❷ volte.　はい、これまで 3 回行ったことがあります。

応用表現

□ 003 No, non ci sono ❸ mai stata.　いいえ、これまで 1 度も行ったことがありません。

□ 004 Sono stato ❹ in ufficio tutto il giorno.　（私は）1 日中事務所にいました。

□ 005 Siamo stati a Genova per 4 anni.　（私たちは）ジェノヴァに 4 年間いました。

■ Essere stato ＋場所は、「これまで行ったことがある」を意味しますが、「per ＋期間」を添えると、「滞在したことがある」の意味になります。

語彙＋α

❶ sei stato/a「君はいた」、già「すでに（これまでも）」　❷ volta「回」
❸ mai「これまで…ない」　❹ in ufficio「事務所に」、tutto il giorno「1 日中」

文 （動きや状態を表す）一部の自動詞の近過去は essere+ 過去分詞で作ります。「essere ＋過去分詞」で作る近過去では、過去分詞の語尾を主語の性と数に合わせて -o, -i, -a, -e と変化させます。

94 感謝の気持ちを伝える

Ti ringrazio. 君に感謝するよ。

■ Grazie と共によく使われるフレーズで、「ringraziare（人に）感謝する」という他動詞を使った表現です。話し相手に直接感謝の意を伝えるだけでなく、「アンナに感謝しているんだ Ringrazio Anna.」のように使うこともできます。

基本表現 CD 49

□ 001

❶ Ti do questo piccolo regalo. このちょっとしたプレゼント、君にあげるよ。

□ 002

Ti ringrazio. 君に感謝するよ。

応用表現

□ 003 La ringrazio. あなたに感謝致します。

□ 004 Vi ringrazio di ❷essere venuti. 君たちが来てくれたことに感謝します。

□ 005 Ti ringraziamo di ❸cuore. 心から君に感謝します。

■ Ringraziare は他動詞なので、感謝する相手は直接目的語で示します（直接目的語の人称代名詞の項参照）。また、感謝する理由などは per (di) で表します。

語彙＋α

❶ ti「君に」、do (<dare「あげる」)、piccolo（小さな）、regalo「プレゼント」
❷ essere venuti「来てくれた」
❸ cuore［男］「心」

d'essere venuto/i/a/e「来てくれたこと」、tutto quello che hai fatto「君がしてくれたこと全て」、Dio「神」、professore「教授」、i miei (genitori)「両親」

95 うれしい気持ちを伝える

È stato un piacere.　楽しかったです。

■ Piacereを「初めまして」の意味で使うことはすでに学びました。名詞piacere「楽しみ」を近過去で使うことで、「楽しかった」「うれしかった」という気持ちを表現することができます。

基本表現　CD 49

□ 001

Grazie. È stato un ❶piacere.　ありがとう。楽しかったです。

□ 002

Anche per me. Arrivederci.　私もです。さようなら。

応用表現

□ 003 Mi fa piacere stare con te.　君といられてうれしいです。

□ 004 ❷Mi sono divertito tanto.　私はとても楽しみました。

□ 005 ❸Ti sei divertita?　楽しかった？

■「fare piacere + a 人 + 不定詞」で、「(a + 人)にとって…するのがうれしい」という表現が可能です。また、うれしかったとき、楽しかったときには、再帰動詞 divertirsi「楽しむ、気晴らしをする」を使うこともあります。

語彙 + α

❶ piacere ［男］「楽しみ、喜び」

❷ mi sono divertito (<divertirsi の直説法近過去 1 人称単数男性)

❸ ti sei divertita (<divertirsi の直説法近過去 1 人称単数女性)

文 divertirsi には「面白がって遊ぶ、楽しむ」や「女遊び（男遊び）をする」の意味で使われることもあるので、話の流れに沿って使うようにしましょう。ちなみに、会話をしていて文字通りの意味は分かるけれど、「つまりどういうことなの？」と話の意図がつかめないときには In che senso?「どういう意味なの？」と尋ねます。

96 「…を忘れません」と言う

Non ti dimenticherò mai. 君のことを決して忘れません。

■ 他動詞 dimenticare「忘れる」を直説法の未来形で使った表現です。ここでは、単に今後（未来）のことというよりは、強い意思を相手に伝えるニュアンスが含まれています。とてもイタリア的な言い回しだと思うので、皆さんもぜひ、相手にはっきりと言葉で思いを伝えてみてください。

基本表現 CD 50

□ 001

Ora devo partire. Ma non ti dimenticherò mai.
もう行かなきゃいけないけど、君のことは決して忘れないよ。

□ 002

Anch'io. Scrivimi ogni tanto. 私もです。時々手紙を書いてね。

応用表現

□ 003 Non dimenticherò mai i giorni passati con voi.
君たちと過ごした日々を忘れません。

□ 004 ❶Ricordo con piacere i giorni passati a Bologna.
ボローニャで過ごした日々を私は楽しく思い出します。

□ 005 ❷Si ricorda di me? 私のことを覚えていらっしゃいますか？

■ Dimenticare は他動詞なので、具体的に「忘れる（否定文では「忘れない」）」ことを直接目的語で示します。また、同じような意味を表す動詞に他動詞の ricordare と再帰動詞の ricordarsi があります。

語彙＋α

❶ ricordare「覚えている」、con piacere「楽しく」
❷ ricordarsi di「（di…について）覚えている、思い出す」

文 ここでは相手や相手との思い出などを忘れないという表現をみてきましたが、dimenticare は「忘れる」を表す他動詞なので、Ho dimenticato l'ombrello in ufficio「オフィスに傘を忘れてきちゃった」のような使い方もできます。

97 「とんでもない」「もちろんです」と言うには

Figurati.　とんでもない。

■ こちらも、イタリアではよく使う表現です。再帰動詞 figurarsi「思い描く、想像する」を命令法で使うことで、間投詞的に「とんでもない」とか、文脈によっては「もちろんです」を意味します。

基本表現

CD 50

□ 001

Ti ❶disturbo?　おじゃまかな？

□ 002

Figurati.　とんでもない。

応用表現

□ 003 Le dispiace se ❷L'accompagno fino a casa?
自宅までお送りしてもよろしいでしょうか？

□ 004 Si figuri.　もちろんです。

□ 005 Figuriamoci se ❸accetto questo contratto.
この契約を受け入れるなんて、とんでもない。

■ フォーマルな間柄（Lei に対して）では Si figuri. となります。また、1人称複数（私たち noi）を主語にして Figurimamoci se… で「…するなんて、とんでもないことだ」を表すことができます。

語彙＋α

❶ disturbare「迷惑をかける」
❷ L'accompagno「あなたを送る」(<accopagnare)
❸ accettare「受け入れる」、contratto「契約」

（「お邪魔ですか？」と尋ねられて）per niente「全然（問題ありません）」、（ありがとうと言われて）di niente「いいんですよ」

98 心配無用と伝える

Non ti preoccupare. 気にしないで。

■ 相手を気遣うとても便利なフレーズです。再帰動詞 preoccuparsi を命令法で使っています。親しい相手に「…しちゃだめだよ」「…しない方がいいよ」とアドバイスするときには動詞は活用させません（ただし、再帰代名詞は主語に合わせて ti）。

基本表現　CD 51

□ 001

Mi dispiace per ❶quello che ho detto.
私が言ったこと、ごめんなさい。

□ 002

Non ti preoccupare.　気にしないで。

応用表現

□ 003 Non si preoccupi.　お気になさらないでください。／ご心配なく。

□ 004 ❷Stai tranquillo.
安心してください。（字義的には「君は落ち着いた状態でいてください。」）

□ 005 ❸Va bene così.　これで大丈夫です。

■ フォーマルな相手に対しては Non si preoccupi. となります。相手を気遣う表現は、これまで学んだ知識をうまく応用できればいろいろな言い方ができますよ。

語彙＋α

❶ quello che ho detto「私が言ったこと」
❷ stare「いる（…の状態にある）」、tranquillo「落ち着いた」
❸ va bene「良い」「大丈夫」、così「こんなふうに」

99 「だったらいいのになあ」と言うには

Magari. ならいいのに。

■ こちらも（文法の参考書などではあまり扱われませんが）とてもよく使われる一言です。間投詞として使われると、強い願望や期待、同意を表します。強い思いを込めて相手に伝えられるようになれば、皆さんのイタリア語もぐっとネーティブに近づきます。

基本表現　CD 51

□ 001

❶ Vorresti vivere a Firenze, vero?
フィレンツェで暮らしてみたいんでしょ？

□ 002

Magari.
そうできればいいなあ。

応用表現

□ 003 Vuoi un tè? - Magari.　お茶はどうですか？　ーいただきます。

□ 004 Magari lui ❷ potesse venire con noi. 彼が私たちと一緒に来られればいいのに。

□ 005 Magari lui non vuole venire con noi.
たぶん、彼は私たちと一緒に来たくありません。

■ Magari は間投詞としてだけでなく、接続詞（che + 接続法半過去で、「もし…ならいいのに」）や副詞として「たぶん（forse と同じ意味）」の意味で使うこともできます。

語彙＋α

❶ vorresti (<volere「…したい」) 接続法半過去 2 人称単数
※ここでは「(できることなら) …してみたい」のニュアンスで使われています。

❷ potesse (<potere「…できる」) 接続法半過去 3 人称単数

文 「たら・れば」のような表現は、仮定文で表現します。イタリア語では動詞の「法」でこれを表すのですが、そのためには条件法や接続法といった文法的にはちょっとハードルの高い部分をマスターしなければなりません。ただし、実際のコミュニケーションでは（相手に伝えたり、相手を理解してあげる上で）とても大切な部分なので、例文やシチュエーションを通して使いながら（使っていることを想像しながら）、少しずつ自分のものにしていってください。

100 話の意図が分からないときには

In che senso? どういう意味ですか？

■ 会話をしているときに、相手の言っている文字通りの意味は理解できるけれど、「どういう意図なの？」というシチュエーションがあります。このような場合、実は皆さんのイタリア語力が問題なのではなく、相手の意図が伝わってきていないだけなのです。そんなときは、In che senso? と尋ねてみましょう。

基本表現 CD 52

□ 001

Non ❶sei d'accordo con Yuki? 有紀と意見が合わないんでしょ？

□ 002

In che senso? どういう意味？

応用表現

□ 003 Cioè? つまり（どういうこと）？

□ 004 Devi ❷spiegarmi bene. よく説明してください。

□ 005 Non ❸ho capito bene. よく理解できませんでした。

■ 会話では、相手の言っていること自体が分からないこともあるでしょう。そのような場合に使える表現をいくつか押さえておきましょう。また、「分からない」と相手に言う・言われるということは、お互いがお互いを理解したいと思っているということなので、自分のイタリア語力を卑下することなく、相手と分かり合えているなと自信を持ってくださいね。

語彙＋α

❶ essere d'accordo「意見が合う」、con「…と」
❷ spiegarmi「私に説明する」
❸ ho capito「私は理解した」（直説法近過去）

in un certo senso「ある意味では」、in senso stretto「狭い意味で」、in senso lato「広い意味で」、doppio senso「二重の意味」

101 不幸中の幸いと言う

Meno male. 良かった。

■「meno より少ない（poco の比較級）」と「male 悪く」を合わせた表現で、安堵の気持ちを表せます。「良かった」だけでなく、「何よりです」といったニュアンスも表現できます。

基本表現 CD 52

□ 001

❶ Ha smesso di piovere. 雨が止んだよ。

□ 002

Meno male. 良かった。

応用表現

□ 003 Meno male che l'autobus arriva. バスが到着して良かった。

□ 004 Grazie a Dio. 良かった。／おかげさまで。

□ 005 Per fortuna. 幸いなことに。／幸運にも。

■ Meno male の後に接続詞 che を使って、具体的にどうなったから「良かった」のかを表すことも可能です。同じような表現ですが、「（神様のおかげで）良かった」とか、「（ラッキーで）良かった」といったものも使えるようにしておくと良いでしょう。

語彙＋α

❶ ha smesso (di…)「（…するのを）止めた」、piovere「雨が降る」
※天候に関する表現は 3 人称単数で表します。

意味を関連付けられる単語はセットで覚えると記憶に残りやすいものです。例えば、「bene 良い」と「male 悪い」、「più より多い」と「meno より少ない」など、自分なりの表現ノートを作って、辞書や本書の例文をもとにして、言いたいフレーズを書きとめていくのも良い方法です（与えられた文を覚えるのと、自分が言いたいことを覚えるのでは、記憶力にも相当差が出ますから）。

102 待ち遠しい気持ちを表すには

Non vedo l'ora di rivederti. 再会するのが待ち遠しいです。

■「non vedere l'ora di 不定詞」で「…するのが待ち遠しい」「早く…したくてたまらない」を表します（字義的には「…する時間を見ない」の意）。

基本表現 CD 53

□ 001
Torno a Tokyo in agosto. 8月、東京に戻って来ます。

□ 002
Non vedo l'ora di rivederti. 君と再会するのが待ち遠しいよ。

応用表現

□ 003 Voglio rivederti ❶presto. 君と早く再会したいよ。

□ 004 Non vedo l'ora che ❷lui arrivi. 彼の到着が待ち遠しいです。

□ 005 Aspettiamo la ❸novità impazientemente.
（私たちは）首を長くして知らせを待っています。

■「non vedere ora che …（che 以下のことが）待ち遠しい」のように使うことも可能です。その場合、動詞の形を接続法にしなければなりません（例文では lui arrivi）。同じような内容を違った言い回しで表現できる場合には意識的に使うようにしてみましょう。それによって表現力がアップします。

語彙＋α

❶ presto「早く」
❷ lui arrivi (<arrivare) 接続法現在3人称単数
❸ novità「知らせ、ニュース」、impazientemente「我慢できずに」

è ora di ＋不定詞「…するときだ」、essere impaziente di 不定詞「…したくてたまらない」

103 信じられないときには

È incredibile. 信じられません。

■ 「essere + 形容詞」のシンプルな表現ですが、とても使える表現です。「ある出来事 una cosa」について、È una cosa incredibile.「信じられないことだ」のように言うこともあります。

基本表現 CD 53

□ 001

Sai che Enrico ①sposa Lucia in giugno?
エンリーコがルチアと 6 月に結婚するって知ってる？

□ 002

②Dici davvero? È incredibile. 本当に？ 信じられないよ。

応用表現

□ 003 Non ③ci posso credere. 信じられないよ。

□ 004 È impossibile. あり得ないよ。

□ 005 Non è possibile. あり得ないよ。

■ Non ci posso credere は、「実際に信じられない」「信じるのが難しい」のニュアンスを含みます。「そんなこと信じないよ」と表現するには non ci credo と言います。可能性を表す表現としては possibile や impossibile があります。

語彙 + α

① sposa (<sposare「結婚する」)、in giugno「6 月に」
② dici (<dire「言う」)、davvero「本当に」
③ crederci「そのことを信じる」

credibile「信用できる、信頼し得る」(⇔ poco credibile「あまり信用できない」)、possibile「あり得る」、possibilissimo「非常にあり得る」

104 「重要ではない」と言う

Non m'importa.　どうでもいいよ。

■ 自動詞 importare「重要である、大切である」を使った表現です。「誰にとって」の部分は間接目的語になります（例文では mi「私にとって」）。

基本表現　CD 54

□ 001

Scusami. ❶Ho rotto il bicchiere.　ごめんなさい。コップを壊しちゃったよ。

□ 002

Non m'importa.　そんなことはかまわないよ。

応用表現

□ 003 Non me ne importa.　そんなことどうでもいいよ。

□ 004 Non è ❷niente.　何でもないですよ。

□ 005 Non ti ❸preoccupare.　気にしなくてもいいよ。

■「non importa かまわない、重要ではない」に「ne そのことについて」を添える場合もあります。また、相手を気遣う、相手に「心配しなくても大丈夫ですよ」と言えるフレーズも一緒に覚えておくと良いでしょう。

語彙＋α

❶ ho rotto「私は壊した」、bicchiere「コップ」
❷ niente「何も…ない」
❸ preoccuparsi「心配する」

文 ここでの importare は自動詞でしたが、importare が他動詞として使われる場合、「輸入する」や「（コンピュータなどのデータを）インポートする」を意味します。

105 相手の都合や希望を尋ねる

Ti va di prendere un caffè? コーヒー飲みませんか？

■「andare a＋人」で、「(人の) 好みに合う」を表し、「…をすることは」の部分は「di＋不定詞」で言います。例文の字義的な意味は「コーヒーを飲むことは、君の好みに合う？」となります。「…してみませんか？」という勧誘の表現ができます。

基本表現 CD 54

□ 001

Ti va di prendere un caffè al bar? バールでコーヒー飲みませんか？

□ 002

❶Buon'idea. Andiamo. いい考えだね。行きましょう。

応用表現

□ 003 ❷Le va bene? よろしいでしょうか？

□ 004 ❸Hai sete? 喉渇いている？

□ 005 Non mi va che tu ti ❹comporti così. 君がこんなふうに振る舞うのが、私は嫌です。

■「誰にとって」の部分は間接目的語なので、フォーマルな相手に対しては「(Non) Le va…?」のように Le (= a Lei) を使います。また、「…について（好みに合う）」の部分がフレーズの場合には che… で表現します。

語彙＋α

❶ buon'idea「良い考え」
❷ Le (=a Lei)：間接目的語の人称代名詞
❸ avere sete「喉が渇いている」
❹ comportarsi「振る舞う」

di venire al cinema con noi「私たちと一緒に映画を見に行く」、non mi va「私には気に入らない」

106 「きっとうまくいくよ」という言い方

Andrà tutto bene. きっと全てうまくいくよ。

■「andare bene うまくいく」を使った表現です。andrà は直説法未来 3 人称単数の形。未来形の持つ「おそらく」というニュアンスだけでなく、「きっとそうなると信じているよ」といった意思を表せるフレーズです。ただし、どちらの意味にもなり得るので、皆さんの意思が伝わるような発音にしてください。

基本表現　CD 55

□ 001

Sono ① troppo nervoso per l'esame di domani.
明日の試験が心配で、すごくナーバスになってるんだ。

□ 002

Andrà tutto bene.　きっと全てうまくいくよ。

応用表現

□ 003 Va tutto bene.　全てうまくいってるよ（順調です）。

□ 004 Sono ② sicuro che ce la fai.　君が合格するって確信してるよ。

□ 005 È andato bene? (È andata bene?)　うまくいきましたか？

■ Ce la fai は「君はうまくやってのける」という意味です。「試験、大丈夫かな？」と心配している知人に言ってあげれば、「合格するよ」という意味で使うことができます。また、andare の部分の時制を現在や過去に変えることで表現の幅も広がります。語彙と共に文法の知識も実践で役立てられるようにしていきましょう。

語彙＋α

① troppo「あまりにも」、nervoso「神経質な」、esame［男］「試験」
② sicuro「確かな」、ce la fai (< farcela「うまくやってのける」)

文 farcela の活用は、ce la の部分を先に言ってから、法・時制・人称に応じた fare の活用を添えるだけで OK です。

107 けがなどしていないか、心配する

Ti sei fatto male? けがしていませんか？

■「farsi …になる」を、直説法近過去で使った表現です。相手（主語）が女性であれば、Ti sei fatta male? となります。再帰動詞の近過去の形もこの機会に確認しておきましょう。字義的には「自分自身に害を及ぼす」という意味になります。

基本表現 CD 55

□ 001

❶ Ahi, che ❷ male! ああ、痛いよ。

□ 002

❸ Ti sei fatto male? けがしちゃったの？

応用表現

□ 003 Non ti sei fatto male? けがをしていませんか？

□ 004 No, non mi sono fatto male. いいえ、けがはしていません。

□ 005 Sì, mi sono fatto male. はい、けがをしてしまいました。

■ 否定疑問の答え方は、質問文の日本語訳で考えないようにしましょう。疑問文「けがをしたのですか?」であっても、否定疑問文「けがをしていませんか?」であっても、「けがをしたのか、していないのか」が問題となっています。けがをしていれば「sì」、けがをしていなければ「no」になる。シンプルですね。

語彙＋α

❶ ahi「（具体的痛みを表して）痛い」

❷ male［男］「痛み、病気、苦痛」

❸ ti sei fatto male（<farsi male「自分の身体の一部を痛める」の直説法近過去２人称単数）

farsi grande「大きくなる」、farsi rosso「顔が赤くなる」、farsi bello（もしくは bella）「かっこよくなる（きれいになる）、めかしこむ」

108 「よく考えてね」とアドバイスする

Pensaci bene. よく考えてね。

■「pensarci そのことを考える、そのことに配慮する」を命令法で使った表現です。命令法（2 人称単数）なので、代名詞 ci は動詞の後にくっついています（scusami などと同じ）。命令法は命令だけでなく、アドバイスや助言、お願いなども表せる便利な法（言い方）です。

基本表現 CD 56

□ 001

❶ Accetto questo contratto? Che ne dici?
この契約受けようかな？ どう思う？

□ 002

Pensaci bene. よく考えてね。

応用表現

□ 003 Pensa ai ❷ fatti tuoi. 自分のことを考えなよ。

□ 004 Pensiamoci bene. （私たちはお互い）よく考えてみようね。

□ 005 Ci pensi tu? - Ci penso io. 君に任せてもいいかな？ — 僕に任せておいて。

■「pensare a… …のことについて考える（心配する）」の後に考えるべき事柄を言えば、表現や語彙も豊かになります。「君は何を考えているの？」という文であれば A che cosa pensi? のように言います。Ci penso io. は「私に任せてください」という意味で、イタリア語ではよく使われるフレーズです。

語彙＋α

❶ accettare「受け入れる」、contratto「契約」、ne「そのことについて」
❷ fatti tuoi「君（自身）のこと」

ripensare「（a…について）熟考する」「（ripensarci の形で）考え直す」

音 命令法は「…してもらえない」といったお願いや、「…しなよ」といったアドバイス、「…しようよ」といった勧誘を表しますから、そのような意思（気持ち）が伝わるような発音ができるように、普段から心がけましょう。

109 確信を持ってアドバイスする

Da' retta a me! 私の言うことを信じて。

■「dare retta a ＋人」で、「人の意見に耳を傾ける」の意。他人にアドバイスするときは当然、その人が良くなるようにと助言をするでしょうから、自信を持ってこのように言ってあげたいものです。成句なのでこのまま覚えてしまいましょう。

基本表現 CD 56

□ 001

Dici di non accettare? 承諾するなって言うの？

□ 002

❶Da' retta a me! 私の言うことを信じて。

応用表現

□ 003 ❷Dammi retta! 私の言うことを聞いて。

□ 004 ❸Ascoltami bene! 私の言うことに耳を傾けて。

□ 005 Fidati di me! 私の言うことを信じてください。

■ ここでのdareは命令法で使われていますから、間接目的語a meを人称代名詞に置き換えるとdammiとなります。また「fidardi di＋人」は、「人のことを信用する（頼りにする）」という意味になります。

語彙＋α

❶ da' (<dare「与える」) 命令法2人称単数
❷ dammi (<dare+mi「私に与える」)
❸ ascoltami (<ascoltare「聴く、(人の意見に) 従う」＋mi「私のことを」)

音 成句はもちろんですが、文法的に、意味として一つの固まり（グループ）を成す単語群は一つ一つ切ることなく、一気に発音するようにしましょう。この音の連続する感覚、つまりはイタリア語のリズム感が養われると、リスニングも相当楽になります。

110 信用する、頼りにするという言い方

Mi fido di te. 君のことを信じるよ。

■ 前の項目の【応用表現】に出てきた「fidarsi di + 人」の表現ですね。前置詞（ここでは di）の後には目的語人称代名詞の強勢形が使われます。（me, te, lui, lei, noi, voi, loro）

基本表現 CD 57

□ 001

A Firenze ❶va' al ristorante *Perseus*!
フィレンツェではレストラン「ペルセウス」に行きなよ。

□ 002

Mi fido di te. そうするよ。（字義的に「君のことを信用するよ」の意）

応用表現

□ 003 Non ti fidare di lui. 彼のことを信用しちゃだめだよ。

□ 004 Ci fidiamo. （アドバイスなどに対して）私たちはそうします。

□ 005 Non mi fido a ❷guidare da solo. 私は一人で車を運転する自信がありません。

■ fidarsi a（もしくは di）+ 不定詞で「…する自信がある」「あえて…する」を表すことができます。動詞を入れ替えていろいろなフレーズを作ってみてください。

語彙 + α

❶ va' (<andare「行く」命令法 2 人称単数)
❷ guidare「運転する」、da solo「一人で」

文 命令法については p 147 参照。

導入 / 出会ったときの表現 / 街に出たときの表現 / 知人との会話 / 情報を得る

111 「誰々が正しい」と言う

Hai ragione. 君は正しいよ。

■ 字義的には「道理・理由を持っている」の意。avere を使う表現で、「言っていることが正しい」という言い方です。

基本表現 CD 57

□ 001

Sono ❶sicura che Luigi non viene. ルイージが来ないって確信しているわ。

□ 002

Hai ❷ragione. 君の言う通りだよ。

応用表現

□ 003 Hikaru ha le ❸sue ragioni per tacere.
光が黙っているのには、彼なりの理由がある。

□ 004 Ho ❹torto? 私が間違っていますか？

□ 005 Sono ❺d'accordo con te. 君と同じ意見だよ。

■ 「avere le＋(所有形容詞)＋ragioni per 不定詞」で、「…するには（その人）なりの理由がある」という表現になります。相手に賛同する際に、うなずくだけでなくこのようなフレーズが出るといいですね。

語彙＋α

❶ sicuro「確かな」、venire「来る」 ❷ ragione「道理、理由」 ❸ suo「彼の」、tacere「黙る」
❹ torto「過ち、間違い」 ❺ essere d'accordo con「…と同意見である」

文 da vendere「絶対に」（字義的には「売却すべき」の意）、esatto (esattamente)「まさに、その通り」、appunto「まさに、ちょうど」

[avere を使った表現⇒ p 35 参照]
[所有形容詞⇒ p 62 参照]

112 「残念なんだけど…」と言うには

Mi dispiace ma...　残念なんだけど…

■ 基本フレーズの文は不完全ですが、実際に会話でこのように言うと、「残念なんだけどねぇ…」と言いたいことが中断していることを表します。ma 以下に表現を続けつつ、表現と語彙を豊かにする練習に役立ててみましょう。

基本表現　CD 58

□ 001
❶ Rimani ancora un po'?　もう少し居られるの？

□ 002
❷ Mi dispiace ma devo andar via.
残念なんだけど、行かなきゃならないんだ。

応用表現

□ 003　Mi dispiace ma non posso.　残念なんだけど、できないんだ。

□ 004　Scusa, ma devo ❸scappare.
ごめん、急いで失礼しなきゃいけないんだ。

□ 005　❹Purtroppo non posso venire.　残念ながら私は伺えないんです。

■ 可能・不可能を表す potere や義務や必要性を表す dovere などを駆使すれば、同じような内容を表現することができます。

語彙＋α

❶ rimani「(<rimanere「留まる」) 直説法現在2人称単数、ancora「さらに、まだ」、un po'「少し」
❷ mi dispiace「すみません、あいにくです、お気の毒です」、andare via「(人が) 行ってしまう、立ち去る」
❸ scappare「逃げる、急いで行く」　❹ purtroppo「残念ながら」
andarsene「立ち去る」、uscire「外出する」、lavorare「働く」、tornare a casa「家に帰る」

113 忘れ物をしたときは

Ho lasciato la borsa in autobus.

バスの中にカバンを忘れてしまいました。

■ これまでに「dimenticare 忘れる」という他動詞を学びました。このフレーズは他動詞「lasciare 置き忘れる」を使った近過去の表現です。

基本表現　CD 58

□ 001

Che ❶è successo?　何かあったの？

□ 002

❷Ho lasciato la borsa in autobus.　バスの中にカバンを忘れてしまいました。

応用表現

□ 003　Scusi, Lei ❸ha perso il cellulare.　すみません、携帯電話をお忘れですよ。

□ 004　❹Mi hanno rubato il portafoglio sull'autobus.　バスで財布を盗まれてしまいました。

□ 005　❺Ho dimenticato la patente a casa.　家に免許証を忘れてきました。

■ 誰かが電車やバスで忘れ物をしていたら役に立つフレーズです。また「盗まれた」は受動態で作るのではなく「mi hanno rubato 私から（彼らが）奪った」という言い方をします。

語彙＋α

❶ è successo「起こった」
❷ ho lasciato「私は忘れた」、borsa「バッグ、カバン」、autobus「バス」
❸ ha perso（<perdere「失う」）、cellulare［男］「携帯電話」
❹ mi「私において」（間接目的語代名詞）、hanno rubato（<rubare「盗む」）直説法近過去3人称複数、portafoglio「財布」、sull'autobus「バスの車内で」
❺ ho dimenticato（<dimenticare「忘れる」）、patente［女］「免許証」、a casa「家に」

13 前置詞＋定冠詞の結合形

■■■ イタリア語では、「前置詞＋定冠詞＋名詞」のようなつながりでフレーズが作られることが少なくありません。このようなつながりの場合、前置詞と定冠詞の部分の音が(発音しやすいように)少し変化します。

	il	i	lo (l')	gli	la (l')	le
a	al	ai	allo (all')	agli	alla (all')	alle
da	dal	dai	dallo (dall')	dagli	dalla (dall')	dalle
di	del	dei	dello (dell')	degli	della (dell')	delle
in	nel	nei	nello (nell')	negli	nella (nell')	nelle
su	sul	sui	sullo (sull')	sugli	sulla (sull')	sulle

最初はこの表に圧倒されて、覚えなければといった強迫観念に駆られるかもしれませんが、そんなことはありません。「前置詞と定冠詞の結合形」というと仰々しいのですが、要するに「発音しやすくするため(しゃべりやすくするため)」に音が変化したものなのです。ですから、皆さんの発音が良くなってくると自然にこのように言うようになります。よく聴いて、しっかり口に出してみるのがマスターへの確実な方法です。

法則性を見つける方が覚えやすいという人には、例えば、次のような法則がヒントになるかもしれません。

① 定冠詞に注目すると：
ilはl、iとgliはそのまま、
lで始まるもの(lo, l', la, le)はllになる。

② 前置詞に注目すると：
a, da, suはそのまま、diはde、inはneになる。

14 直接目的語になる人称代名詞

他動詞には、ほぼ間違いなく直接目的語があります。日本語ではおおむね「…を」と訳されるものです。

Io	mangio	una pizza.
私は（主語）	食べます（述語：他動詞）	ピザを（直接目的語）

この直接目的語を繰り返さずに、「それを」で置き換える場合に使うのが「直接目的語人称代名詞」です。

イタリア語では、名詞に性があり、単数・複数も区別するので、「それを」にも4種類あります。

	単数	複数
男性名詞	lo	li
女性名詞	la	le

ですから、「私はそれを食べます」という場合、それがピザpizzaであればLa mangioとなり、リゾットrisottoであればLo mangio、スパゲッティspaghettiであればLi mangio、ラザニアlasagneであればLe mangioと言います。

Compri un libro? 「本を買いますか？」 - Sì, lo compro.
Compri una rivista? 「雑誌を買いますか？」 - Sì, la compro.
Compri le banane? 「バナナを買いますか？」 - Sì, le compro.
Compri i giornali? 「新聞を買いますか？」 - Sì, li compro.

［直接目的語になる人称代名詞＋αに続く］

15 直接目的語になる人称代名詞＋α

【イタリア語を極める⑩】では、「それを」に置き換えられる直接目的語代名詞について学びました。ここでは、「それを」だけでなく、「私を」「君を」など、人を表す直接目的語の代名詞についても見ていきましょう。

	単数	複数
1人称	mi	ci
2人称	ti	vi

Mi ami?「私を愛してる？」 - Sì, **ti** amo.「うん、君を愛してるよ。」

「私を」と「君を」の部分に、直接目的語の人称代名詞が使われていますね。例えば、「私たちのことを家まで送ってくれる？」と尋ねる場合には、次のようになります。

Ci accompagni a casa?　「私たちを家まで送ってくれますか？」
- Sì, **vi** accompagno volentieri.「いいよ、君を喜んで送っていくよ。」

また、【イタリア語を極める⑩】で学んだ「それ(ら)をlo, la, li, le」は物だけでなく、人に対しても使うことができます。つまり3人称の人「彼を、彼女を、彼らを、彼女らを」の意味にもなるというわけです。以下、直接目的語になる人称代名詞をまとめておきます。

	単数	複数
1人称	mi	ci
2人称	ti	vi
敬称（フォーマルな相手）	La	

3人称　男性	lo	li
女性	la	le

Maria, conosci **Stefano**?「マリア、ステーファノのこと知っている？」
- No, non **lo** conosco bene.「いいえ、彼のことをよく知らないわ。」

16 命令法

命令法は、2人称の相手に「命令」「助言」「依頼」する場合に使うことができます。また、1人称複数に対しては「勧誘(…しましょう)」を表すことができます。
「…するな(しないでください)」のような否定命令の場合は動詞の前にnonを置くだけです。ただし、2人称tuに対する否定命令では動詞を活用させず、不定詞で言います。(例:Non bere troppo!「飲みすぎちゃだめだよ。」)

【規則変化】

	scusare	prendere	sentire	finire
tu	scus**a**	prendi	senti	finisci
Lei	scus**i**	prend**a**	sent**a**	finisc**a**
noi	scusiamo	prendiamo	sentiamo	finiamo
voi	scusate	prendete	sentite	finite
Loro	scus**ino**	prend**ano**	sent**ano**	finisc**ano**

※基本的には直説法現在の活用形がベースになっています。直説法現在と違うところは、上の表で太字になっているので注意してください。
フォーマルな間柄の複数[3人称複数Loro]の形は公式な場以外ではあまり使われません。

【不規則変化】

	andare	dare	dire	fare	stare
tu	va' (vai)	da' (dai)	di'	fa' (fai)	sta' (stai)
Lei	vada	dia	dica	faccia	stia
noi	andiamo	diamo	diciamo	facciamo	stiamo
voi	andate	date	dite	fate	state
Loro	vadano	diano	dicano	facciano	stiano

【命令法+目的語人称代名詞】

目的語人称代名詞や再帰代名詞など(mi, ti, lo, la, gli, le, si, ci, vi, li, ne)を、命令法の動詞と一緒に使う場合は、基本的に動詞の後に置き、一つの単語にします。ただし、フォーマルな形(3人称単数・複数)のときは、動詞の直前に置き、書くときは二つの単語としてつづります。

Scuami! [2人称単数]　Mi scusi! [3人称単数]　ごめんなさい。

また、va', da', di', fa', sta'と目的語人称代名詞がくっつく場合、代名詞の子音は2重になります(gliはもともと強子音なのでつづりはそのまま)。

Dammelo!　私にそれをちょうだい!

重要単語・フレーズ索引

本書に登場する重要な単語・フレーズを索引としてまとめました。
学習の際に単語帳としてご利用ください。

antibiotici	76	biglietteria	53,56
antipatico	114	biglietti (<biglietto)	53
anzi	25	biglietto	14
anziché	58	binario	58
aperto (aprire)	56,106,114	bionda	119
appunto	141	biro	90
aprile	57,65	birra	42,44
arancia	43	blu	88
aranciata	42	borsa	50,90,143
arriva (arrivare)	58,131	bottiglia	43
arrivare	96,106	bucato	122
arrivederci	11,125	buona sera	9,47
arrivederLa	11	buon (<buono)	16,83
arrivi (arrivare)	132	buon compleanno	16
ascoltami (ascoltare)	139	buon'idea	135
ascoltare	72	buona (<buono)	16
aspetta (aspettare)	26	buongiorno	8,40,50,52,102
aspettiamo (aspettare)	132	buono	46
assaggiare	90	**C** c'è (esserci)	53,54,70,105
associazione	115	caffè	12,42,43,44,61,87,113,135
Assunzione	65	caffellatte	42
autista	30	cagnolino	28
autobus	26,52,53,55,103,105,131,143	caldo	48
automatica	53	calmo	88
autunno	65	camera doppia	102
avete (avere)	50,52,102	camera king delux	102
avvocato	8	camera twin delux	102
azzurro	88	cameriere	43
B ballare	94	camerino	90
banane	145	camicetta	85,88,93
banca	40,56,70,106	camicia	85
bancomat	89	cane	28,76
bar	53,135	cantare	72,77
barba	122	canto	31
bellissime (<bellissimo)	86	caotico	68
bene	25,68,73,74,75,78,79,85, 94,112,118,130,131,136, 138,139,146	capito (capire)	112,130
		cappuccino	14,42
benissimo	25,73,85,115	carrozza	58
bere	43,100,147	carta di credito	89
bevi (bere)	48	casa	41,100,127
beviamo (bere)	107	casalinga	30
bianco	87,88	cassa	70
bicchiere	42,134	ce la fai (farcela)	136
		cellulare	143

149

guardo (guardare)	109	inglese	24
guasto	70	insieme	82,107
guidare	72,140	inverno	65
H ha (avere)	69,116,131	io	24,25,27,29,42,45,87,93,
hai (avere)	27,28,32,75,79,118,122,		100,117,126,138,145
	135,141	italiana	23
Halloween	65	italiano	24,25,26,94
ho (avere)	47,74,76,98,108,109,112,	**L** l'altro ieri	122
	116,126,130,134,143	l'anno scorso	122
hotel	102	la	118,124,145,146
I i giorni passati	126	là	70,90
i miei (genitori)	124	la settimana scorsa	122
i signori	120	la vigilia di Natale	65
idea	108	larghi (<largo)	86
ieri	98,122	largo	86
ieri sera	122	lasciare	94
il mese scorso	122	lasciato (lasciare)	143
impazientemente	132	lattici	76
impiegato	29	lavorare	77,81,96,142
importa (importare)	134	lavorate (lavorare)	31
impossibile	133	lavori (lavorare)	29
in	40,41,47,53,54,57,68,95,	lavoro (lavorare)	16,92
	103,132,133,143	le	60,85,88,91,93,97,120,
in aereo	83,110		127,135,145,146
in che senso	125,130	Le	60
in colpa	75	le vacanze di Natale	95
in fondo	90	leggere	72
in fondo a	49	lei	87,100,108,119
in macchina	83,110	Lei	17,20,21,22,24,25,29,30,
in mano	90		73,78,87,100,103,143,147
in pullman	83	lentamente	112
in punto	58	li	145,146
in ritardo	58	lì	53,104
in senso lato	130	libero	70
in senso stretto	130	libro	145
in traghetto	110	limonata	45
in treno	83,110	lingue	24
in ufficio	123,126	lira	69
in un certo senso	130	lo	54,113,115,116,117,121,
incredibile	133		145,146
indicarmi	112	lontano	70
indirizzo	100	loro	31,84,87,100
informazione	52	Loro	147
ingegnere	8,30	luglio	65

153

portafoglio	50,143	quanti anni	32
portoghese	24	quanto	51
possibile	133	quanto tempo	92,110
possibilissimo	133	quaranta	64
posso (potere)	15,44,52,53,54,63,80,89, 90,117,133,142	quarantacinque	32
		quarto	64
posteggio	54	quasi quasi	121
posti (<posto)	47	quattordici	51
potere	100	quattro	32
potesse (potere)	129	quattro mesi fa	122
pranzo	122	quattrocento	64
preciso	109	quattrocentotrentasette	69
preferisci (preferire)	87	quegli	85
preferisco (preferire)	88	quel	53
prego	13,15	quella	119
prende (prendere)	14,42	quello	61
prendere	52,54,55,84,90,95,103,135	quello che ho detto	128
prenderei (prendere)	121	questa	46,49,50,51,68,85,86, 88,93,97
prendi (prendere)	12,87,113		
prendiamo (prendere)	45	questi	48,86
prendo (prendere)	50	questo	46,49,51,60,85,92,119, 124,127,138
prenotare	102		
presento (presentare)	120	qui	22,70,112
presto	132	quindici	51
prezzo	91	quinto	64
prima	56,104	**R** ragazzii (<ragazzo)	9
primavera	65	ragazzo	114,119
primo	57,64	ragione	141
professore	8,29,124	regalo	60,124
professoressa	29	relax	110
profondamente	79	ricordo	126
profumato	46	ridere	121
pronto soccorso	70	rimanere in ufficio	96
provare	90	rimango (rimanere)	109
pulizie	122	rimani (rimanere)	57,142
pullman	105	rimasti (rimanere)	98
può (potere)	91,103,112	Rinascimento	31
puoi (potere)	94,95,111	ringrazio	124
purtroppo	25,89,91,142	ripensarci	138
Q qual è	55	ripensare	138
qualcosa	44,48	ripetere	112
qualsiasi	103	riposati	78
quando	57,118	ristorante	56,140
quanti	47,69	rivederti	132

キクタン イタリア語会話
【入門編】

発行日　2015年11月2日（初版）

著者　森田 学
編集　日本語チーム
編集協力　エルマンノ・アリエンティ（Ermanno Arienti）
／㈲データ・クリップ

装丁・表紙・CD レーベルデザイン　アートディレクター　細山田光宣
デザイン　相馬敬徳【細山田デザイン事務所】
DTP・本文デザイン・イラスト　奥山和典【酒冨デザイン】
ナレーション　コンスタンツァ・ルーフォ／北村浩子
音楽制作・録音・編集　Niwaty
CD プレス　株式会社ソニー・ミュージックコミュニケーションズ
印刷・製本　シナノ印刷株式会社

発行者　平本 照麿
発行所　株式会社アルク
〒 168-8611　東京都杉並区永福 2-54-12
TEL　03-3327-1101
FAX　03-3327-1300
Email : csss@alc.co.jp
Website　http://www.alc.co.jp/

著者プロフィール　森田 学（もりたまなぶ）
東京藝術大学卒業。高校時代、オペラに感銘を受け、オペラ歌手と話をしたい一心でイタリア語の習得を開始。イタリア留学中に劇場契約を果たしオペラデビューするなど、好きになることが上達の近道だと信じている。

PC : 7015065
ISBN : 978-4-7574-2667-2